POLARIS

W0015115

MELODIE MICHELBERGER

Body
Politics

Rowohlt Polaris

Originalausgabe
Veröffentlicht im Rowohlt Taschenbuch Verlag, Hamburg, Februar 2021
Copyright © 2021 by Rowohlt Verlag GmbH, Hamburg
Covergestaltung Hauptmann & Kompanie Werbeagentur, Zürich,
nach einem Entwurf von Eva Dietrich
Coverabbildung Julia Marie Werner
Satz aus der Mercury Text G2
bei Dörlemann Satz, Lemförde
Druck und Bindung CPI books GmbH, Leck, Germany
ISBN 978-3-499-00331-8

Die Rowohlt Verlage haben sich zu einer nachhaltigen Buchproduktion
verpflichtet. Gemeinsam mit unseren Partnern und Lieferanten setzen wir uns
für eine klimaneutrale Buchproduktion ein, die den Erwerb von
Klimazertifikaten zur Kompensation des CO_2-Ausstoßes einschließt.
www.klimaneutralerverlag.de

Für Dich. Und für mich.

Du kannst deinen Körper nicht in eine Form hassen, die du lieben wirst.

Ijeoma Oluo

Inhalt

VI

I

Der schönste Rock
der Welt

> Wir sehen keine
> Schönheit in allem,
> was wir sind, weil uns
> beigebracht wurde,
> als Erstes alles zu
> sehen, was wir nicht
> sind.
>
> **Megan Jayne Crabbe**

Mama, den will ich haben! Das ist der schönste Rock auf der ganzen Welt!» – Ich muss ungefähr sieben oder acht Jahre gewesen sein, als ein Rock mein Herz im Sturm eroberte. Er hatte stufige Volants und ein bildhübsches Muster aus winzigen Blümchen in allen Farben des Regenbogens. Er hing da wie eine kunterbunte Wolke, aber zum Anziehen! Noch heute, 35 Jahre später, sehe ich ihn genau vor mir. Ich entdeckte ihn bei meinem Streifzug durch einen dieser weitläufigen Modemärkte, wie sie auf dem Land in den Achtzigern so typisch waren. Während meine Mutter ihre Erledigungen machte, war ich gefühlt ewig durch die Gänge gezogen, vorbei an jeder Menge unscheinbarer, farbloser Kleidungsstücke. Und auf einmal erblickte ich diesen wunderschönen Traum aus mehreren Lagen Stoff. Vorsichtig nahm ich den Kleiderbügel vom Ständer und hielt den bauschigen Rock vor meinen Körper. Es war *mein* Rock, das wusste ich sofort! Der Stoff raschelte, wie er eben rascheln muss, wenn er richtig gut ist. Mit roten Wangen, den Rock fest an mich gepresst, rannte ich durch den Laden auf der Suche nach meiner Mutter. Ich fand sie in der Änderungsschneiderei: «Mama, Mama, schau mal, dieser wunderschöne Rock! Darf ich den haben, bitte, bitte? Ich MUSS ihn haben!» Meine Mutter musterte zuerst mich, dann den Rock. Streng blickte sie mich an: «Melanie, der trägt doch total auf. Volants kannst du nicht tragen, dein Hintern ist dafür zu dick.»[*] Seufzend drehte sie sich wieder zur Schneiderin. Ihre Worte trafen mich wie ein Blitz. Ich schlich zurück zur Kinderabteilung und hängte den Rock schweren Herzens zurück. Ich war enttäuscht und wütend, aber ich hörte auf meine Mutter und verzichtete. Auf der Fahrt nach Hause kullerten mir die Tränen übers Gesicht, der Rock ging mir nicht aus dem Kopf. Wie schön wäre es, wenn er jetzt bei mir wäre, wenn ich ihn direkt morgen in der Schule anziehen könnte! Wie viel bunter und spaßiger mein Leben dann wäre! Der Kommentar meiner Mutter hallte in meinem Kopf nach: «Das kannst du nicht tragen, dein Hintern ist dafür zu dick.» Mein Hintern sollte also der Grund sein, warum ich den Rock nicht tragen durfte? Mehr noch: gar nicht tragen *konnte*? Wieso sollte mein Körper nicht zu einem Rock passen, den ICH doch so schön fand? Das ergab in meinem kindlichen Kopf keinen Sinn. Oh, was habe ich diesem Blu-

[*] Melanie? Wer ist denn Melanie? Das ist mein Name, genauso wie Melodie. Erst nannte mich ein Lehrer Melody, irgendwann ich mich selber. Das «Michelberger» kam später dazu, weil es so schön klang. Heute ist es mein Künstlername. Meine Familie nennt mich natürlich Melanie, aber meine Freund:innen inzwischen irgendwas zwischen Mel, Melo und Melodie.

menrock nachgetrauert. Auch meiner Patentante und Oma jammerte ich tagelang die Ohren davon voll. Bis sich meine Tante schließlich erbarmte, mit mir in den Modemarkt fuhr und mir diesen Wunsch erfüllte. Die gesamte Fahrt nach Hause presste ich meinen Schatz in der Plastiktüte freudestrahlend an mich. Doch obwohl ich den Rock heiß und innig liebte und ihn viele, viele Male trug, ging ein Gefühl nie weg: dass ich ihn eigentlich gar nicht tragen dürfte.

Ich wuchs Anfang der achtziger Jahre in einem kleinen Dorf in Süddeutschland auf, das mir mit seinen Fachwerk-Bauernhöfen, adretten Einfamilienhäusern, Obstbaumwiesen und der freien Sicht auf die Hügel der Schwäbischen Alb immer wie ein Dorf aus dem Bilderbuch vorkam. Obwohl die Gemeinde damals nur knapp tausend Einwohner:innen zählte, gab es eine Postfiliale, ein Lebensmittelgeschäft, verschiedene Sportvereine, eine Freiwillige Feuerwehr, eine Grundschule und einen Kleintierzuchtverein.

Wir lebten in einem einfachen Anbau, der nie so richtig fertig wurde, auf dem Grundstück meiner Großeltern. Im Vergleich zu den schmucken Häusern in der Nachbarschaft war unser Zuhause eher unscheinbar und schlicht, aber ich habe es geliebt. Mein Kinderzimmer lag genau über der Küche meiner Oma, die in meiner Erinnerung immer irgendetwas in einem gusseisernen Topf auf dem alten Kohleofen kochte. Die wilden Felder und Streuobstwiesen am Ende meiner Straße waren der Eingang zu meinem eigenen, unerschöpflichen Abenteuerspielplatz. Ich verbrachte die Zeit nach der Schule vor allem dort draußen, pflückte Wiesenblumen, baute Hütten oder raste mit dem Rad über holprige Feldwege.

Kleider ließen mir schon als Grundschülerin das Herz höher schlagen. Aus gesammelten Stoffresten fertigte ich mit großer Hingabe ungewöhnliche Kostüme für meine Barbiepuppen und konnte Stunden damit verbringen, gewagte Kombinationen für mich selbst zusammenzustellen. So idyllisch das Leben in der schwäbischen Provinz war, es fehlte doch an Glanz und Zauber. Am liebsten trug ich weit schwingende Kleider und Röcke in leuchtenden Farben und plakativen Mustern. Ich mochte, wie sich die Stoffe um meine Beine schmiegten, wenn ich mich schnell drehte. Nicht nur einmal schauten mich meine Mitschüler:innen schief an, weil ich mitten im Winter mit einem Sommerkleid (ohne Strumpfhosen) auftauchte oder eine üppige Chiffonschleife auf dem Kopf trug. Es war mir egal, was sie dachten oder ob sie mich wegen meiner ausgefallenen Kombinationen auslachten. Ich hatte Spaß daran, nach Lust und Laune in verschiedene Rollen zu schlüpfen. Schon in der Grundschule stand ich allein auf und machte mich für die Schule fertig, deswegen sah meine Mutter in der Regel nicht, in welchem Aufzug ich das Haus verließ. Nachmittags schimpfte sie dann natürlich, wenn ich im tiefsten Winter im dünnen Sommerkleidchen zurückkam. Aber nichts konnte mich davon abhalten, die Sachen anzuziehen, die mir in dem Moment Freude bereiteten.

Ich nutzte natürlich jede Gelegenheit, um mit meiner Mutter oder Tante in den nächstgelegenen größeren Ort zu fahren, in dem es ein paar Geschäfte gab. Wenn es mal wieder Zeit war, zum Einkaufen zu fahren – damals nannte man es nicht «Shopping» –, spürte ich eine kribbelnde Aufregung. Direkt an der Zufahrt zur Bundesstraße stand einer dieser gesichtslosen, Siebziger-Jahre-Flachbauten mit endlosen Fensterfronten und riesigem Parkplatz davor. Das war der große Modemarkt, auf den ich mich am meisten freute. Hinter den automatischen Glastüren lagen endlose Reihen von Kleiderständern voll mit Bekleidung für Jung und Alt und jeden Anlass, den man sich vorstellen konnte. In der Kinderabteilung gab es ein großzügiges Bällebad, das ich aber meistens ignorierte. Es machte viel mehr Spaß, auf der Suche nach den aufregenden Teilen durch die Gänge zu ziehen: Kleider mit phantasievollen Mustern, Hosenröcke mit weitem Bein, pastellfarbene Blusen mit Puffärmeln, funkelnde Abendkleider und Westen aus Samt. Weder die billige Auslegeware noch der von draußen hereinwehende Pommesgeruch, die engen Kabinen oder die unfreundlichen Mitarbeiter:innen konnten mir die Freude an diesem Besuch nehmen. Ich hätte stundenlang stöbern können und wollte am liebsten alles anprobieren. Nicht so meine Mutter; sie hatte selten Zeit oder Muße, dort länger als unbedingt notwendig zu bleiben. Für sie war es eine von vielen Erledigungen auf einer nicht enden wollenden Liste.

Der Moment, in dem meine Mutter meine Begeisterung für diesen knallbunten Rock mit ihrem unachtsamen Kommentar erstickte, ist so klar in meiner Erinnerung, weil er ein Vorher und ein Nachher markiert. Mir wurde schlagartig bewusst gemacht, dass es Kleidungsstücke gibt, die mir aufgrund meiner Figur nicht erlaubt waren. Ich hatte gelernt, dass mein Körper und bauschige Volants nicht zusammenpassen und dass es egal war, wie schön ich etwas fand. Mit dieser Lektion begann sich eine große Unsicherheit meinem Körper gegenüber einzuschleichen. Bis dahin war er kein Hindernis gewesen, ich konnte mit ihm alles machen: über Blumenwiesen rennen, Gummitwist spielen und durch Bäche waten. Aber auf einmal hatte ich keinen funktionierenden Körper mehr, sondern ein Problem. Mehr noch: Ich fühlte mich für meinen großen Hintern verantwortlich. Wer, wenn nicht ich selber sollte schuld daran sein, dass er nicht zu Volants passte – und daran, dass er so viel Raum einnahm in einer Welt, die keinen Platz für große Hintern und rundliche Körper hatte. Ich ahnte nicht, dass wir in einer Kultur leben, die es als Verpflichtung ansieht, dicke Körper zu kaschieren, aber ich begriff, dass mein Körper etwas ist, auf das ich keine Aufmerksamkeit lenken sollte. Sicher hatte ich vorher Kommentare gehört, auch hatte ich mich dicker als andere Mädchen gefühlt. Aber weil mir Kleidung so viel bedeutete und mir so viel Freude bereitete, traf es mich umso mehr, dass mir dieser Spaß aufgrund meiner Figur verwehrt werden sollte.

Meine Mutter hatte es wohl nicht absichtlich getan, vielleicht wollte sie mich vor negativen Kommentaren schützen. In den kommenden Jahren nistete sich das Schuldgefühl jedoch in meinem Kopf ein.

Dieses Erlebnis mit dem Rock ist mir so präsent, dass ich es oft in Interviews erzähle, um zu erklären, wann ich das erste Mal wusste, dass mein Körper falsch ist. Und mir war schnell klar, dass es die einleitende Geschichte in diesem Buch sein soll. Ich war überzeugt, dass ich aufgrund meiner Körperform Außenseiterin war, weil ich schon immer ein dickes Kind und Mädchen war.

Als ich an diesem Buch arbeitete – in meinem Kopf das Gefühl, dass es eigentlich fertig ist, weil ich doch wusste, was ich schreiben wollte –, geriet ich ins Stocken. Oft wusste ich nicht recht weiter und fragte mich, wie relevant das, was ich da aufschrieb, war. Meine Erinnerungen passten nicht zusammen, ergaben kein mir schlüssiges Bild. Woran lag das? Also setzte ich mich hin und schrieb erst mal eine «Chronologie meines Körpers».

Dafür las ich in alten Tagebüchern, wühlte Kisten mit Fotos durch, fragte Freund:innen und Familie nach Details und Anekdoten. Eines Mittags saß ich mal wieder inmitten eines Haufens von Bildern, und auf einmal sah ich es: Vieles von dem, was ich bisher als wahr angenommen habe, war eigentlich anders. Ich habe lange geglaubt, dass meine Figur größer war, problematisch, und unbedingt verändert werden musste. Und wenn ich jetzt Fotos anschaue, muss ich feststellen: Das stimmt so nicht. Ich war mein ganzes Leben mehr oder weniger schlank, ich war kein pummeliges Kind, keine rundliche Jugendliche und auch nicht dick in meinen Zwanzigern. Trotzdem bestimmte die Idee, «zu viel» zu sein, mein Denken und mein Handeln. Jahrelang.

Erst in den letzten fünf Jahren, nach einem großen Zusammenbruch und Burnout, gelang es mir, mich von dieser Idee schrittweise zu lösen. Und in diesen letzten fünf Jahren veränderte sich mein Körper dann zu dem, was er heute ist. Ich wurde größer, weicher und runder als je zuvor. Mit dem wachsenden Körper kam ein neues Gefühl der Sicherheit. Ich bin dankbar dafür, was mein Körper geleistet hat. Jetzt, wo er schwerer ist, voluminöser, bin ich ihm eine bessere Freundin als in all den Jahren zuvor. Früher wollte ich weniger sein, zarter, leichter. Aber jetzt genieße ich meine Größe und Stärke.

Wovor bin ich all die Jahre davongelaufen? Ich musste mich damit auseinandersetzen, dass ich eine diskriminierende Vorstellung über dick_fette* Körper verinnerlicht hatte. So wie

---

* Dick_fett? Was denn nun, dick oder fett? Nee, dick_fett. Das ist eine Schreibweise, die von Fettaktivist:innen gewählt und etabliert wurde, um ohne unsinnige und schwammige Grenzziehungen zwischen dick und fett zu betonen, dass es sich um einen Körper handelt, der «außer-

viele in der westlichen, weiß-dominierten und christlich sozialisierten Gesellschaft bin ich mit einem Bias, einem massiven Vorurteil gegenüber dicken_fetten Körpern aufgewachsen. In meinem Kopf war und ist das elendige Stigma – dick_fett = wertlos – fest verankert. Dick_fett zu sein, heißt nicht einfach nur, einen großen Körper zu haben, es heißt, hässlich zu sein, und das unverantwortlich selbst verschuldet zu haben, weil man disziplinlos und faul handelt. Ich habe das nicht nur aus alarmierenden Zeitschriftenberichten gelernt oder von den vermeintlich besorgten Kommentaren meiner Eltern. Die Abwertung und die Angst sah ich in den Blicken, mit denen wir dick_fette Menschen anschauen, mit denen ich auf dick_fette Menschen herabschaute. Dieses abschätzige Stigma hat mich all die Jahre so unter Druck gesetzt, dass ich mit aller Kraft dagegen ankämpfte, selbst dick zu werden. Mir dieses Vorurteil selbst einzugestehen, war wichtig, um weiterzukommen. Und auch, um dieses Buch zu schreiben.

Als ich mit dem Schreiben anfing, standen auf den Seiten jede Menge Zahlen: Gewicht, Kleidergrößen, BMI, Cholesterinwerte, Kalorienangaben. Ich kann mich an keine Zeit in meinem Leben erinnern, in der diese Zahlen keine Rolle spielten. Ich erinnere mich an die exakten Kleidergrößen fast aller Kleidungsstücke und wie viel ich wann gewogen habe. Diese Zahlen benutzte ich als Messinstrumente für meinen Selbstwert. Sie brannten sich in mein Hirn ein und halfen meinem Gedächtnis, vermeintliche Ordnung in die vielen Gedanken zu bringen. Zahlen wird, wenn es um die Beschreibung von Körpern geht,

halb des normschlanken Ideals» steht. Es schließt jeden Körper in diesem Spektrum mit ein, statt zwischen dick und fett irgendwelche Unterscheidungen zu imaginieren.

sowieso eine ziemlich große Bedeutung beigemessen. Wir sehnen uns nach konkreten Angaben und präzisen Limits, an denen wir erkennen können, ob wir schon dünn oder noch immer zu viel sind. An ihnen hängt eine moralische Botschaft. Und das nervt mich. Aus diesem Grund habe ich irgendwann fast alle Zahlen aus diesem Text gelöscht. Ist es wirklich wichtig, zu wissen, welchen Bauchumfang ich wann hatte? Ist es relevant, was mein geringstes Gewicht war? Welche Kleidergröße ein Kleid hatte, in dem ich mich vor 20 Jahren «dick» fühlte? Egal wie leicht oder schwer ich war, ich habe mich «zu viel» gefühlt. Und das ist der entscheidende Punkt: Es war nur ein Gefühl, aber das bestimmte mein Leben – regulierte mein Essen, drängte mir Sport auf, dominierte mein Tagebuch, trieb mich in eine Essstörung und Magersucht.

Wie stark dieses Gefühl in mir wirkt, hätte ich vor der intensiven Beschäftigung mit dem Schreiben nicht geahnt. Natürlich wusste ich, dass ich nicht frei von Fettfeindlichkeit bin, aber war dann doch überrascht, welche Ausmaße das hat. Und welche Hindernisse mir das in den Weg stellt.

Rückblickend bin ich wütend und traurig, wie viel Geld, Energie und vor allem Lebenszeit die unsinnige Suche nach der «perfekten» Figur mir klaute. Der Wunsch, weniger zu sein, leichter und zarter, war auch der Wunsch, liebenswerter zu sein. Dabei steckte all diese Liebe, nach der ich mich so sehnte, schon immer in mir.

Ich war besessen davon, meinen Körper zu verkleinern, zu schrumpfen, zu formen, zu verschlanken und zu straffen. Ich wollte Fett verbrennen, meiner Figur schmeicheln, meinen Bauch glätten, Problemzonen kaschieren, Rundungen bekämpfen, die Waage besiegen, Kleidergrößen reduzieren, und alles in dem Glauben, damit die beste Version meiner selbst zu werden.

Aber warum? Woher kam dieses Gefühl? Wie entstand diese Fettfeindlichkeit, die ich gegen mich selber richtete? Und wieso konnte sie es sich in mir drin so gemütlich machen, ohne dass ich merkte, wie viel Platz sie einnahm?

Letzten Dezember fiel ich beim Schlittschuhfahren auf den Hinterkopf. Erst hielt ich es für einen harmlosen Ausrutscher, dann musste ich doch über eine Woche im Krankenhaus bleiben. Ich hatte vier Blutungen im Hirn, die beobachtet werden mussten, und mein Schädel war angebrochen. Die täglichen Kopfschmerzen zogen sich über die kommenden Monate, ständig war mir schwindelig, und konzentrieren konnte ich mich kaum. Dazu fühlte ich mich dauernd erschöpft und kraftlos. Am zweiten Tag im Krankenhaus stellte ich fest, dass ich nichts mehr schmecken und riechen konnte. Was ich erst auf das langweilige Krankenhausessen schob, war leider langfristig. Bei einer weiteren Untersuchung wurde festgestellt, dass einige Teile meines Gehirns nicht mehr durchblutet werden und der Riechnerv beim Unfall wahrscheinlich irreparabel durchtrennt wurde. Pizza schmeckte wie Pappe und Kaffee wie heißes Wasser. Das ist zum Glück mittlerweile ein wenig besser geworden, die Geschmacksknospen der Zunge springen mehr und mehr für die fehlende Sensibilität meines kaputten Riechnervs ein. Ich war mir vorher nicht bewusst, wie viel wir über die Nase schmecken – die Zunge nimmt salzig, bitter, sauer, süß und umami wahr, der Rest der Aromen, sei es floral, erdig oder getreidig, kommt über die Nase. Ich schmecke, ob etwas salzig oder süß ist, aber ob ich eine Banane oder eine Mango esse, merke ich nur an Farbe und Textur. Das hat meine ohnehin schon belastete Beziehung zum Essen nicht vereinfacht – man kann viel einfacher vergessen zu essen, wenn einem ebendieses nicht mal mehr schmeckt! Ich konzentriere mich also mehr auf Texturen, Farben und Temperaturen, kann endlich scharfes Essen genießen (das ist nämlich kein Geschmack, sondern leichtes Brennen) und versuche, mich zu freuen, dass ich zumindest süß und salzig wieder unterscheiden kann. Und vielleicht gibt mir das den Kick, mich noch einmal neu mit dem Thema Ernährung auseinanderzusetzen, die Freude am Kochen neu zu entdecken und die Dankbarkeit, dass ich mich gut ernähren kann, wieder zu fühlen.

Der Unfall lehrte mich, einige andere Muster zu erkennen – ich musste genau hinhören, was mein Körper braucht und will, musste mir selber die beste Freundin sein. Das gelang mir am Anfang kaum, ich wollte unbedingt die Pläne, die ich vor dem Unfall gemacht hatte, durchziehen und tat das zum großen Teil auch. Das Buch zu schreiben, gehörte dazu. Als das nicht direkt klappte, war ich frustriert und wollte am liebsten aufgeben. Wie soll man Hunderte Seiten schreiben, wenn nach zwei Sätzen die Augen flattern und der Kopf hämmert? Wie soll ich mein Leben recherchieren, wenn ich fünfzehn Stunden am Tag schlafe?

Anstatt enttäuscht zu sein, weil ich meine eigenen hohen Erwartungen nicht erfülle, musste ich lernen, Dinge so hinzunehmen, wie sie sind. Und akzeptieren, dass alles in kontinuierlicher Bewegung ist, nichts je abgeschlossen und noch weniger perfekt. Ich will mich mit dieser Idee anfreunden, mit mir selber anfreunden, und dieses Buch ist ein Schritt in diese Richtung.

Dafür will ich mir und euch den Weg, den ich gegangen bin, beschreiben und mir selber erklären, wie ich aus meiner toxischen Selbstbetrachtung hinausgetreten bin. Diese Reise ist nicht zu Ende, kann wahrscheinlich nie zu Ende sein, aber ich bin bemüht, sie mir einfacher zu machen. Dafür tauche ich in meine Geschichte ein, erzähle mir Erinnerungen neu und sortiere alte Gedanken. Ich verbinde sie mit dem, was ich seither gelernt habe, und hoffe so, zu einem neuen Blick auf mich selbst zu kommen.

Warum mache ich das? Weil ich weiß, dass es vielen so geht wie mir. Dass wir alle unter diesem Stigma leiden, egal welche Körperform wir haben.

Ich kann und will nicht ignorieren, dass meine Perspektive eingeschränkt ist. Nicht nur bin ich weiß, cis, hetero und habe keine sichtbare Behinderung, meine Körperform gibt mir Privilegien, die jene mit größeren Körpern nicht mehr genießen: Ich kann in der Innenstadt Kleidung finden und mich problemlos auf Stühle oder Flugzeugsitze setzen. Auch bekomme ich außerhalb von Social Media selten herablassende Kommentare oder abschätzige Blicke. Man nennt das «small fatty» oder «acceptable fat». Für viele bin ich nur ein *bisschen dick* und gehe gerade noch als akzeptabel durch.

Nicht nur deswegen habe ich drei Schwarze[*] Menschen, Body-Mary, Christelle Nkwendja-Ngnoubamdjum und SchwarzRund, eingeladen, ihre Perspektive zu teilen. Meine Selbstermächtigung fußt auf der Arbeit anderer Fettaktivist:innen. Ich hätte meine eigene Fettfeindlichkeit nie abgebaut, wäre ich nicht auf ihre positiven Bilder und Texte gestoßen. Ihr Optimismus hat mein wackeliges Konstrukt aus Selbsthass und falscher Moral ins Schwanken gebracht. Ohne dieses Netzwerk und die inspirierenden Gedanken und Worte anderer wäre ich heute nicht an dem Punkt, an dem ich glücklicherweise bin.

---

[*] Schwarz schreibe ich groß, weil es keine Hautfarbe beschreibt, sondern eine politisch gewählte Selbstbezeichnung Schwarzer Menschen ist.

II

Eine Geschichte
meines Körpers

Bitte vergiss nicht:
Ich bin mein Körper.
Wenn mein Körper
kleiner wird, bin
es immer noch ich.
Wenn mein Körper
größer wird, bin es
immer noch ich. Es
gibt in mir keine
dünne Frau, die auf
Freilegung wartet.
Ich bin eins.

Lindy West (Shrill)

«Etwas Übergewicht» notierte der Kinderarzt im Januar 1977, ein paar Monate nach meiner Geburt, in mein gelbes Untersuchungsheft direkt neben «Gesamteindruck und Entwicklungsstand». Ich habe das Heft noch, es war Teil eines Pakets mit Memorabilia, das mir meine Mutter zum dreißigsten Geburtstag schenkte. Das Diagramm auf der Rückseite des Heftes stellt meine körperliche Entwicklung graphisch dar. Die Kreuze, die mein Körpergewicht markieren, sind alle in dem Bereich, neben dem «auffällig schwer» steht. Von den Fotos in meinem Babyalbum strahlt mich meine Miniversion in einem ärmellosen Strampler aus orangenem Frottee mit großen blauen Augen an. «Du warst gut im Futter», erzählte meine Tante, und mein Opa sagte wohl gern: «Die Melanie, die sperrt immer den Schnabel auf.» Ob ich tatsächlich oft Hunger hatte oder aus anderen Gründen den Mund aufmachte, ist nicht überliefert.

Später wurde ich beim Dorfarzt vermessen und gewogen. In seiner Praxis stand eine von diesen wuchtigen Standwaagen. Die Anzeigetafel war beinahe auf Höhe meines Gesichts, so las ich die Zahl sogar vor der Arzthelferin laut ab. Darauf war ich auch ein bisschen stolz, denn Zahlen konnte ich schon früh verstehen. Wenn ich jetzt darüber nachdenke, kommt es mir komisch vor, dass ich mich an diese Waage und die Zahlen darauf so gut erinnern kann. Wieso prägte sich mir das derart ein? Ich erinnere, dass ich mich sogar regelrecht darauf freute, dort zu erfahren, wie groß und schwer ich war. Nach der Untersuchung neben meiner Mutter zu sitzen, während die mit dem Arzt über meinen Körper sprach, war mir aber furchtbar unangenehm. «Starkes Hohlkreuz, kugeliger Bauch, Fehlstellung.» An diese Worte erinnere ich mich noch genauso wie an die Zahlen. «Streck doch deinen Bauch nicht so raus», mahnte meine Mutter mich oft. Also zog ich meinen Bauch ein und kontrollierte im Spiegel, bei welcher Körperhaltung er sich am wenigsten nach vorne wölbte.

Eine der frühesten Erinnerungen daran, wie sehr ich mich für meinen Bauch schämte, steht heute auf meinem Schreibtisch: Es ist ein Foto mit original Kodak-Farbbild-Stempel von 1982.

Ich war fünf Jahre alt, fast sechs, als die Erzieherinnen im Kindergarten uns zu Beginn des Vorschuljahres fotografierten. Eigentlich habe ich die gleiche Frisur wie heute, mein Pony ist etwas schiefer, weil mir meine Mutter die Haare schnitt. Mit einer weißen Unterhose bekleidet, sitze ich auf einer Holzstufe im Garten. Mein Lächeln wirkt eher zaghaft und zeigt eine große Zahnlücke. Die Beine sind überkreuzt, dabei halte ich das rechte aber einige Zentimeter über dem Knie, entspannt sieht das nicht aus. Ich weiß, warum ich das tat – ich wollte mit dieser umständlichen Aktion meinen Bauch verdecken, der sollte auf dem Foto nicht sichtbar sein. «Babyspeck» nannte mein Vater meine rundliche Körpermitte.

Die Grundschulzeit machte mir überhaupt keinen Spaß. Auf dem Weg zur Schule vergaß ich vor lauter Tagträumen oft die Zeit und erschien viel zu spät zum Unterricht, was jeweils einen Eintrag ins rote Klassenbuch gab. Ich hatte große Mühe, mich an die Regeln und Vorschriften zu halten. Im Unterricht langweilte ich mich und begann lieber Gespräche mit meinen Sitznachbar:innen. Ich hatte viele Fragen und Interessen, allerdings hatten die meistens nichts mit dem Thema zu tun. Schnell bekam ich den Ruf der «Unruhestifterin», musste zur Strafe oft in einer staubigen Ecke des Klassenzimmers stehen oder wurde vor die Tür geschickt. «Melanies Stimmungen schwanken» steht in meinem Zeugnis der ersten Klasse. Ich verbrachte viele, sehr einsame Stunden auf dem Flur meiner Dorfschule. Einmal wollte ich nicht mehr vor der geschlossenen Tür warten und vor lauter Langeweile die Blätter der Grünlilie auf dem Fensterbrett gegenüber zahlen und lief kurzentschlossen durchs ganze Dorf nach Hause. Natürlich bekam ich mächtig Ärger, als der Schulleiter Stunden später bei uns klingelte und meiner Mutter mit mahnenden Worten von meinem Verschwinden berichtete.

Ich hörte ihn, weil mein Zimmer über unserer Haustür lag und ich mich dort im Schrank versteckte.

Ich weiß, dass ich mich damals vor allem danach sehnte dazuzugehören. Ich benahm mich deshalb oft auffällig und wollte «mein eigenes Ding» machen. Nach dem Motto «Schaut mal, was ich alles kann, und wisst ihr eigentlich, warum Marienkäfer Punkte haben?». Vielleicht wollte ich deswegen unbedingt diesen kunterbunten Rüschenrock in der Schule anziehen. Ich wollte gesehen werden und mit meinen schönen Kleidern auffallen. Manchmal erfand ich Geschichten, um mich spannender zu machen.

Die Sommerferien verbrachte ich bei meiner «kleinen Oma» – so nannte sie jeder in meiner Familie – in Gamshurst, einem badischen Dorf an der französischen Grenze. Auf ihrem alten Bauernhof fühlte ich mich frei, weil ich von morgens bis abends tun und lassen konnte, was ich wollte. Meine Cousine und ich waren den ganzen Tag unbeaufsichtigt zwischen Hasenställen, Kartoffeläckern und Brombeersträuchern unterwegs. Am liebsten kletterten wir in der Scheune auf die Balken und sprangen unter lautem Gekreische ins trockene Heu.

Meine kleine Oma hatte eine geräumige Vorratskammer, in der immer selbstgebackenes Brot und frischer Kuchen auf einer Anrichte standen. Dahin gelangt man durch die Küche oder direkt aus der Scheune, deshalb bekam niemand mit, wenn wir nach dem Toben heimlich Apfelkuchen oder dick geschnittene Butterbrote mampften und uns Apfelsaft aus Fässern in Flaschen umfüllten. Omas Vorratskammer war unser Schlaraffenland, Ärger bekamen wir nie. Meine Mutter schimpfte jedes Mal mit meiner Oma, wenn sie mich dort am Ende der Sommerferien abholte: «Um Himmels willen! Warum ist Melanie so dick geworden? Du darfst sie nicht einfach alles essen lassen, was sie will!» Ich fühlte mich sofort schuldig, obwohl meine kleine Oma verschmitzt lächelte. «Lass das Mädele essen», sagte sie und wühlte in den Taschen ihrer Schürze nach einem Bonbon als Trost für mich. Im Vergleich zu meiner Mutter mochte sie dicke Bäuche und runde Gesichter.

Ich muss sieben oder acht gewesen sein, als meine Mutter und Tante mit dem *Weight Watchers*-Programm begannen. Ich war neidisch darauf, dass sie jede Woche zusammen in die nächstgrößere Stadt fuhren, um zu einem Geheimtreffen mit anderen Frauen zu gehen. Sie redeten ohnehin ständig von Diäten und vom Abnehmen, und jetzt waren sie Teil einer Gemeinschaft, in der alle das gleiche Ziel hatten! Das fand ich höchst spannend. Von jedem dieser Ausflüge brachten sie schicke Rezeptkärtchen und jede Menge Tratsch über die anderen Teilnehmer:innen zurück. Ich sog ihre Geschichten auf wie ein Schwamm und wollte alles über dieses einfache Punktesystem, in das sich jedes Lebensmittel einordnen ließ, erfahren. Stundenlang studierte ich die Rezepte und Tabellen und lernte die Zahlen auswendig. So begann ich, Lebensmittel in gut (wenig Punkte) und schlecht (viele Punkte) einzuteilen. Ganz selbstverständlich aß ich die gleichen Dinge wie meine Mutter, das Knäckebrot lag ohnehin im Regal, und der körnige Frischkäse stand im Kühlschrank. Wenn ich mich an die Punkte hielt, machte ich alles richtig. Oder?

Irgendwann fuhr ich in den Sommerferien nicht mehr zu meiner kleinen Oma. Laut meinem Tagebuch gab es Wichtigeres als Springturniere im Heuschober und Apfelkuchen aus der Vorratskammer: Jungs! Neben dem neu entfachten Interesse an meinen Mitschülern brachte die Pubertät vor allem mehr Unsicherheiten gegenüber meinem Körper mit sich. Ich schoss in die Höhe, in der fünften Klasse war ich sogar eines der größten Mädchen in der Klasse. Danach wuchs ich allerdings nicht mehr viel in der Länge, aber mein Körper veränderte sich weiter. Als ich das erste Mal entdeckte, dass ich Brüste bekomme, war ich so schockiert, dass ich weinte. Die Dehnungsstreifen an meinen Oberschenkeln machten mich fassungslos. Auch meine Periode verheimlichte ich über Jahre und kaufte mir Tampons und Binden von meinem Taschengeld oder klaute sie meiner Mutter. Mir waren all diese Entwicklungen sehr peinlich, und zwar gleich doppelt, weil ich nicht wusste, wie ich sie aufhalten sollte. Das Gefühl, dass sich mein Körper ohne meine Zustimmung verändert, war schrecklich. Mein Misstrauen wuchs, also kontrollierte ich mich unentwegt und fürchtete jede weitere Veränderung. Ich begann, meinen Körper wie eine Außenstehende zu betrachten. Als würde er mir nicht mehr gehören. Als sei er ein bedrohlicher Gegenspieler.

Es half nicht, dass meine Familie mehr und mehr kommentierte. Meine Mutter wies andere darauf hin, «dass die Melanie jetzt bald einen BH braucht». Als ob ich nicht anwesend sei. «Sie ist jetzt schon fast eine Frau», bemerkte eine Tante. Ich wollte aber keine Frau sein. Ganz beiläufig wurde beim Kaffeetrinken darüber gesprochen, dass «Melanie einen runden Hintern bekam». Als müsste man das diskutieren. Ich wollte, dass niemand mehr etwas über meinen Körper sagte. Sie sprachen über meinen Körper wie über eine Sache. Ich schämte mich in Grund und Boden, mehr noch als damals beim Dorfarzt.

Nicht nur über meinen Körper wurde gesprochen, sondern vor allem über andere Frauen. «Also die Meier-Ursula hat die Schwangerschaftskilos ja nie wegbekommen» oder «Habt ihr die Armbruster-Sonja gesehen? Die war vor der Hochzeit richtig schön schlank, und jetzt hat die einen Arsch wie ein Brauereigaul». So und so ähnlich plauderten sie bei frisch aufgebrühtem Filterkaffee und Blechkuchen («Aber bitte nur ein kleines Stückchen, sonst muss ich morgen FDH machen!») über die Körper von Nachbar:innen, Verwandten, Freund:innen und Frauen in Magazinen. Einfach nebenbei, als ginge es um den Haushalt oder neue Schuhe. Eine Flut von Körperkritik. Mit jeder neuen Welle wuchsen meine Selbstzweifel. Jeder negative Kommentar, jede Bemerkung über «ein paar Kilo zu viel», jedes Urteil über vermeintliche Makel hallten in mir doppelt und dreifach nach. Und ich konnte nicht anders, als das Gesagte auf mich zu beziehen. Wenn meine Familie schon so redete, was würden erst andere sagen? Das war der Nährboden für meinen Selbsthass.

In den Zeitschriften, die meine Tante mitbrachte, fand sich – zum Glück! – die Lösung: Diäten! Die «Super Schlanksuppe», das «Alles essen – trotzdem abnehmen»-Programm oder «Die wirklich neue Kartoffel-Quark-Diät»! Ich kann mich nicht erinnern, dass meine Mutter oder Tante je die Wirkung in Frage stellten oder mich sonst in irgendeiner Art davor warnten. Ihre Körper mussten verbessert werden, also gingen sie auf Diät. Liebenswürdige Worte für sich selbst gab es nicht, Abwertungen dagegen zuhauf.

Ich muss um die zwölf Jahre alt gewesen sein, als ich beschloss, meinen ersten Obsttag einzulegen. Das hatte ich aus den Zeitschriften meiner Tante, die mir außerdem erklärte, «man kann so viel Obst essen, wie man will, und bekommt einen flachen Bauch». Mein kindliches Ich war von diesem Versprechen begeistert. Ich stellte mir Ananas, Kiwi, Wassermelone und Pfirsiche in appetitlichen Würfeln in einem meiner knallpinken Eisbecher vor. Die Obstschale auf unserem Esszimmertisch gab jedoch nur Äpfel und Birnen aus dem Garten her, die ich ungeschält im Ganzen mampfte. Nach einem halben Apfel-Birnen-Tag war mein Magen übersäuert, und ich bekam fürchterlichen Durchfall. Mein Bauch war flach, aber ich fühlte mich alles andere als großartig. Ich verstand das Ganze eher als herausforderndes Spiel, aber im Grunde war das meine erste Diät. Der Misserfolg hielt mich nicht davon ab, «die neue Reis-Diät» zu probieren. Was genau an der Reis-Diät «neu» war, weiß ich nicht mehr, es blieb meine erste und einzige. Es war fürchterlich öde, die dritte Schale Reis zu löffeln, während meine Geschwister und Eltern gemeinsam selbstgebackenes Brot, Salat und köstlichen Käse vom Bauernhof nebenan zum Abendbrot aßen. Ich sehe den Topf mit dem verkochten Reis noch vor mir. Bäh.

Jede neue Woche lieferte neue Magazine mit neuen Diäten: «Schlank-Tricks mit Tomaten», «Die beste 1-Tages-Diät» oder «Schlank-Wunder Eiweiß-Quark». Ich probierte alles aus, egal wie überzeugend es klang: Ich verzichtete abwechselnd auf Frühstück oder aufs Abendbrot, schlürfte übel nach Pups riechende Kohlsuppe, trank literweise Brennnesseltee. Kein Tipp war mir zu blöd. Aber ich kam nicht «in 4 Wochen zur Wunschfigur». Nach jeder Diät schämte ich mich, weil ich mich nie «schlank» fühlte und felsenfest davon überzeugt war, dass es an meiner Unfähigkeit lag. Ich war wohl einfach nicht bereit, wirklich «alles» zu geben.

Regelmäßig packte meine Mutter mich und meine Geschwister in den Familienbus und fuhr in die gut ausgestattete Mediothek nach Pliezhausen. Diese Ausflüge waren die Highlights meiner Kindheit. Ich liebte es, durch die Magazine zu blättern, und schleppte jedes Mal bergeweise Abenteuerbücher und Bastel- und Handarbeitsratgeber nach Hause. Bis ich ein Regal ganz hinten in der Ecke entdeckte: *Fitness & Ernährung* stand auf dem Schild darüber. Es war, als ginge ein Tor zu einer anderen Welt auf. Ich müsste mich nicht mehr auf die dünnen Hefte meiner Tante verlassen, hier stand eine ganze Armada an 200 Seiten starken Bücher zu meinem neuen Lieblingsthema! Anstatt *Fünf Freunde* und *Die große Häkelschule* wanderten von da an vielversprechende Titel wie *Die gute Figur* oder *Schön und fit durch Bodystyling* oder *Jazz Gymnastik* in meinen Korb. Besonders angesagt war damals die Callanetics-Gymnastik; auf dem Cover dieser Bücher lief der Schriftzug in ansprechender Welle über die schlanke, kopflose Figur einer Frau im engen Body. Außerdem gefielen mir sämtliche von Tanzfilmen wie *Flashdance* oder *Dirty Dancing* inspirierten Tanz- und Aerobic-Programme. Zu Hause legte ich die Kassette mit «I Should Be So Lucky» von Kylie Minogue ein, zog Radlerhose und Stirnband an und versuchte, vor dem Spiegelschrank im Schlafzimmer meiner Eltern die herausfordernden Übungen nachzumachen. Ich studierte dabei nicht nur die Schrittfolge, sondern auch die Körper der Frauen auf den Fotos. Ich wollte unangestrengt und schön aussehen wie sie, und dank unserer hautengen Klamotten konnte ich das besonders gut vergleichen. Ich stellte fest, dass bei mir keine Lücke zwischen den Oberschenkeln war und dass mein Bauch sich lieber über die enge Hose rollte.

Obwohl ich beinahe jeden Nachmittag vor dem Spiegelschrank herumtanzte, fand ich, dass meine Figur sich kaum denen der Tänzer:innen annäherte. Allerdings wurde ich besser darin, meinen jungen Körper auf vermeintliche Makel abzusuchen. Jede Delle, jede Speckrolle, jede Hautfalte nahm ich ganz genau unter die Lupe. Das war meine Freizeitbeschäftigung. Ich erklärte meinen Körper zu einer einzigen, überdimensionalen Problemzone und wurde Expertin in der Analyse von Cellulite, Hautfalten und Reiterhosen, die ich aus den Büchern kannte. So wuchs mein Körperhass und wurde zu meinem täglichen Begleiter.

Als Teeniemädchen besaß ich eine wirklich beachtliche Anzahl an Magazinen. Die von meiner Tante, die, die ich mit Taschengeld im *Spar* bei uns im Dorf kaufte, und die, die mein Vater mir aus seinem Büro mitbrachte. Stapelweise türmten sich *Bravo, Mädchen, Bravo Girl, Brigitte, Tempo, Vogue, Stern, Burda International, MAX* und so weiter in meinem Zimmer. Ich glaubte dem, was darinstand, als käme es von einer großen, allwissenden Schwester oder einer richtig guten Freundin. Sie informierten mich über «Make-ups zum Träumen», kannten «10 Geheimnisse über Jungs» und alle Tricks, um «ohne Anstrengung zur Top-Figur» zu kommen. Die Mädchen auf den Covern und Postern sahen in ihren süßen Outfits umwerfend aus und hatten alle richtig gute Laune. Stundenlang blätterte ich in den Heften und schnitt vorsichtig die Bilder der schönsten Frauen aus, um damit riesige Collagen zu basteln. (Heute würde man wahrscheinlich Moodboard dazu sagen.) Mal ging es um Mode, mal um Stars, mal um Frisuren, mal um Make-up. Und immer ging es um Körpervorbilder. Die Poster hängte ich an die holzvertäfelte Dachschräge, genau über mein Bett. Sie waren das Erste, was ich sah, wenn ich morgens die Augen aufmachte, und das Letzte, bevor ich abends einschlief. So konnte ich mir genau einprägen, wie diese idealen Frauen aussahen. Und wie ich aussehen wollte: Sehr schlank wollte ich sein, mit langen Beinen und flachem Bauch, glänzenden Haaren und einem symmetrischen Gesicht mit makelloser Haut. Zum Glück fand ich in den Magazinen direkt die Tipps, um das zu erreichen: Ich rührte Gesichtsmasken mit Joghurt und Honig an, spülte meine Haare mit Kamillentee und schrubbte meine Oberschenkel mit Kaffeepulver. War es nicht das, was Frausein ausmacht? Ich bildete mir ein, es sei meine Aufgabe – und liebte diese Recherche und das Ausprobieren. Meine Vorbilder in den Magazinen sahen alle gleich aus, wieso sollte ich es nicht auch schaffen?

Ich merkte gar nicht, wie ich anfing, meine Wochen nach Crash-diäten (schon mal was von der «Babyfood-Diät» gehört?) zu planen. Zweifelhafte Fitnessroutinen dominierten schon da meinen Alltag.

Ich liebte es, die Tests in den Zeitschriften auszufüllen: «Knutsch-Test – Kannst du gut küssen?» oder «Magst du dich? Teste dein Selbstbewusstsein!». An den «Bleistifttest» erinnere ich mich besonders gut. Mädchen sollten sich einfach einen Stift unter die neu gewachsenen Brüste klemmen, um herauszufinden, in welche Kategorie sie zählten. Das war wichtig, wie sollte ich sonst wissen, welche Körperteile richtig und welche falsch waren? Also stellte ich mich vor den Spiegel und platzierte er-wartungsvoll einen Buntstift. Als der nicht sofort auf den Tep-pichboden fiel, brach ich in Tränen aus. Nun hatte ich die traurige Gewissheit – meine Brüste waren kein «Traumbusen» («Herzlichen Glückwunsch!»), sondern ein «Hängebusen». Aber keine Sorge, das Heft wollte mir «zeigen, wie du auch den ins perfekte Licht rückst». Ein paar Seiten weiter standen die An-zeigen für Push-up-BHs.

Damals fiel mir nicht auf, dass die Mädchenzeitschriften nie fragten, «was gefällt dir?», «wovon träumst du?» oder «wer willst du sein?». Stattdessen zeigten sie mir immerzu, wie ich sein *sollte*.

In der neunten Klasse begann ich, mich mehrmals täglich zu wiegen, zu vermessen und die Zahlen in eine Tabelle in mei-nem Tagebuch einzutragen. Daneben schrieb ich: «Ich hasse meinen Körper so sehr. Warum habe ich bloß so einen dicken Körper bekommen? Warum??» Darunter eine exakte Liste mei-ner Ernährung: Haferflocken, geriebener Apfel, Knäckebrot, Light-Joghurt, Rosinen.

Die Waage stand im Badezimmer meiner Eltern direkt neben der Toilette, die ich vorher benutzte, um alles Überflüssige loszuwerden. Ich wog mich direkt nach dem Aufstehen, am Nachmittag und bevor ich ins Bett ging. Das Maßband aus dem Nähkasten meiner Mutter legte ich mir jeden Abend um Bauch, Oberschenkel und Po und notierte die Ergebnisse gewissenhaft. Es gab Nächte, da band ich es mir um den Bauch und klebte es mit Tesa fest, um am nächsten Morgen zu kontrollieren, ob und wie viel Umfang ich verloren hatte.

Manche Zahlen in der Tabelle unterstrich ich doppelt, hinter andere setzte ich mehrere Ausrufezeichen. Ich liebte diese Übersicht und wie einfach es war, diese Zahlen zu verstehen. Sie zeigten mir eindeutig, wann mein Körper wie viele Kilos und Zentimeter hatte, und das entsprach eindeutig dem, wie viel oder wenig ich wert war. Heute zeigen sie mir, dass ich damals, ohne es zu merken, in eine Magersucht rutschte. Ich kämpfte längst um wenige Gramm und Millimeter. Die erste Zahl des Tages bestimmte den Tagesablauf. War sie kleiner als die vom Vorabend, lobte ich mich. War die Zahl gleich hoch, machte ich mir Vorwürfe und bestrafte mich mit mehr Hunger.

Oft lag ich hungrig im Bett und malte mir aus, wie wunderbar das Leben sein würde, wenn ich endlich dünn wäre. Ich weiß noch, wie ich es kaum erwarten konnte, morgens auf die Waage zu steigen und das Maßband zu kontrollieren in der Hoffnung, endlich die Zahlen zu sehen, die bewiesen, dass ich mich schön gehungert hatte. Manchmal wachte ich schon um 5 Uhr auf, weil ich es vor Spannung und Hunger nicht mehr aushielt.

Mein Tagebuch aus diesen Jahren ist voller Körperhass und Verzweiflung. Am Sonntag, den 15. März 1992 schrieb ich: «Oje, wenn ich so an mir runterschaue, mein ‹Bäuchlein› wird auch immer dicker!! Bitte hilf mir, damit ich weniger esse!»

An wen richtete sich dieser Hilferuf? Egal wie viele Kilo ich verlor, das Gefühl, «zu dick» zu sein, verschwand nicht. In meiner Vorstellung war ich erst wirklich «schlank», wenn ich mich «schlank» fühlte. Als würde automatisch ein Regenbogen über meinem Kopf erscheinen und glitzerndes Konfetti regnen. Das ist nie passiert, egal wie klein die Zahlen waren. Egal wie sehr ich hungerte. Immer weiter wuchsen meine Schuldgefühle und meine Selbstvorwürfe: Irgendwas machte ich einfach nicht richtig. Irgendwas verstand ich nicht. Also machte ich weiter. Ohne Fleiß kein Preis! Jeder hungrige Tag war ein Schritt Richtung Traumkörper. Ich müsste ein bisschen strenger sein, dann würde es heißen: Melanie 1 / Körper 0 Punkte.

Das sah man auch: Mein Körper war ausgemergelt, dünn, mager und vor allem kraftlos. Ich war schwach und ständig müde. «Nur 200 Gramm weniger, ich muss es schaffen.» Die Zahl auf der Waage bestimmte mein ganzes Denken. Egal was ich wog, ich fühlte mich viel zu dick, unpassend, nicht richtig. Mir selbst war nicht bewusst, in welcher Sackgasse ich steckte, also suchte ich keinen Ausweg.

Nicht nur zu mir war ich streng, ich bewertete auch die Körper anderer knallhart. Ständig verglich ich mich mit anderen Mädchen; wenn ich in einen Raum kam, checkte ich zuerst, wie viele mehr wogen als ich. Als ob ich in einem unausgesprochenen Wettkampf stünde, bei dem ich Richterin und Teilnehmerin war, von dem die anderen nichts wussten und in dem keine je gewann.

Mein Umfeld gratulierte mir mit «Du bist ja schön schlank

geworden, toll!». Sie lobten mich für meine Disziplin, und ich verstand es als Aufforderung, noch einen Mittagstisch in der Schule sausenzulassen, um stattdessen alleine in einer abgeschiedenen Ecke des Schulhofs an Apfelschnitzen oder Zwieback zu nagen.

Ein einziger besorgter Kommentar ist mir in Erinnerung geblieben. Meine Deutschlehrerin Frau Huber hielt mich auf der Treppe an und sagte: «Um Himmels willen, Melanie, iss bitte einmal ein Eis oder gleich einen ganzen Eisbecher mit Sahne, du bist ja unheimlich schmal geworden.» Ich nickte und ging weiter. Ich weiß nicht, ob es schlicht die Tatsache war, dass sie mich aufforderte zu essen – etwas, das ich mir seit Jahren nicht mehr erlaubte –, die mich bis heute rührt. Oder war es der Schock, dass jemand mein Dünnsein nicht lobte, sondern meine fatale Selbstzerstörung ansprach? Ich lief zur nächsten Toilette und heulte eine ganze Stunde lang durch. «Was meint sie mit zu dünn? Ein Eis essen? Sie ist ja wohl verrückt geworden!» Ich verbrachte damals viel Zeit auf der Schultoilette, hier konnte ich meine Gedanken ordnen, meinen Körper begutachten, mich ungestört für meinen Hunger loben. Die Worte von Frau Huber brachten mich durcheinander, rissen mich für kurze Zeit aus meiner Gedankenspirale, die sich allein darum drehte, welche Mahlzeit ich als Nächstes nicht zu mir nehme. Ihre Aufforderung war mir unangenehm, aber auf eine Art wohltuend. Sie schob sich zwischen meine unaufhörlich um Verzicht kreisenden Gedanken, brachte sie zum Stolpern. An dem Tag erlaubte ich mir, in der Schulkantine zu essen. Danach hungerte ich wieder tagelang.

Ein paar Monate später war die Abschlussfeier meines Jahrgangs. Ich sollte eine Urkunde für meine guten Noten und zwei Schulpreise für meinen Einsatz für die Belange der Schüler:innen bekommen. Ich war nicht stolz auf die Preise, sondern darauf, allen zu beweisen, was für ein extra dünner Körper in mir steckte. Dafür verzichtete ich radikal, um der vollbesetzten Schulaula meinen geschrumpften Körper zu präsentieren. Die anerkennenden Worte anderer Eltern, «Wie schlank du geworden bist!», wogen mehr als alle Preise zusammen.

Heute weiß ich, dass meine Hingabe zum Hunger für viel mehr stand, als dünn sein zu wollen. Diese Obsession versteckte die Unsicherheit meinem pubertierenden Körper gegenüber und verdeckte die Angst, die ich vor der Zukunft hatte. Der Hunger verdrängte meinen Kummer über die verlorene Kindheit. Er war die allerbeste Freundin und die Feindin, die ich besiegen musste. Nicht zu essen, gab mir ein Machtgefühl. Ich fühlte mich stärker als mein Körper und dachte keine Sekunde darüber nach, welchem Stress ich ihm aussetzte, was ich ihm damit antat. Wie schwach ich ihn zwang zu sein. Ich sah meinen Körper damals nicht als Teil von mir selbst, sondern als Gegnerin. Dass er mich trotz all der Strenge und der wenigen Nahrung über die ganzen Jahre weiter am Leben hielt, nahm ich nicht als Leistung wahr. Er sah nicht so aus, wie ich das wollte, und dafür bestrafte ich mich.

Als meine Patentante mich im Sommer 1993 zum Stuttgarter Flughafen brachte, von wo mein Flieger in ein Austauschjahr nach Detroit, USA, ging, wog ich weniger als meine Koffer. Meine Eltern waren im Urlaub, und ich ernährte mich unbemerkt wochenlang von Cola Light und Magerjoghurt, um bei meiner Ankunft besonders dünn zu sein. Die Statistik zu meinem Körper führte ich weiter, in meinem Tagebuch steht: «Freue mich auf: Schule, Boys, Shopping, Gewichtsverlust; Bammel: Dick zu werden; Feelings: Noch kein Heimweh!»
Aus Angst zuzunehmen vermied ich die Highschool-Kantine

und hielt mich an meine gewohnte Diät aus fettreduziertem Joghurt mit Apfel. Bis mein Gastvater mich mitten am Tag aus dem Sekretariat abholen musste, nachdem ich im Unterricht wegen Unterzuckerung umgekippt war. «Entweder du isst ab sofort normal, oder du sitzt im nächsten Flugzeug nach Hause!» An den knallharten, aber besorgten Ton dieses ansonsten herzlichen Mannes mit fröhlichen Augen und verschmitztem Lächeln kann ich mich bis heute erinnern. Mein USA-Traum war mir wichtiger, deswegen begann ich, das erste Mal seit Jahren, wieder so zu essen, wie ich es für «normal» hielt. Wie das genau funktionieren sollte, wusste ich nicht. Ich erinnere mich an Sandwiches in der Lunchbox und den ein oder anderen Pudding zwischendurch. Mein Gewicht blieb meine schwerste Sorge – «I want to learn how to eat the right stuff, that I don't have to go on diet all the time» war mein Neujahrsvorsatz für 1994. Da war ich 17 Jahre alt. Mit meiner Gastfamilie aß ich häufig in Fast-Food-Restaurants, ich liebte die Veggie Tacos und Guacamole meiner Gastmutter und die Stapel Buttermilk Pancakes zum Sonntagsfrühstück, die gar nichts mit den flachen Pfannkuchen aus meiner Heimat gemein hatten. Zusammen essen erlebte ich dort wieder als Quelle der Zufriedenheit und Anlass zur Freude. Wie damals mit meiner Cousine in der Vorratskammer.

Braun gebrannt, im geblümten Spaghettiträgerkleid, mit kirschrotem Lippenstift und Dauerwellenmähne kam ich ein Jahr später wieder in der schwäbischen Provinz an. Erst mal fand ich alles blöd, rückständig und uninteressant. In den USA gab es in jedem Zimmer ein eigenes Fernsehgerät, und bei meinen Eltern nicht mal Kabel. Altenriet hatte auch keine Malls zum Abhängen, keine Cheerleading Teams, und kein einziger Supermarkt verkaufte Avocados. Ich vermisste mein unabhängiges

Teenagerleben in der Großstadt sehr und fühlte mich ausgebremst.

Weil ich ohnehin die ganze Zeit über Nährwerttabellen und Kalorien sprach, konnte ich meine Eltern davon überzeugen, mich auf ein Ernährungswissenschaftliches Gymnasium zu schicken. Für mich war es ein Traum – endlich konnte ich mich täglich mit meinem Lieblingsthema auseinandersetzen. Von morgens bis abends über Nährstoffe und ihren Stoffwechsel im menschlichen Körper sprechen? Herrlich! Entgegen der landläufigen Vorstellung wird auf einem «Pudding-Gymnasium» allerdings nicht gekocht; stattdessen untersuchten wir im Labor den Zuckeranteil in Kinderjoghurts und studierten die biochemischen Vorgänge, die der Verzehr eines Käsebrotes im Körper in Gang setzte. Schnell fiel ich wieder in mein altes Verhaltensmuster, suchte meinen Körper auf vermeintliche Fehler ab und bestrafte mich mit Nahrungsentzug. Dank meines neuen Wissens konnte ich obsessiver analysieren, was ich zu mir nahm. Ich hantierte nicht mehr mit Pseudodiäten aus Klatschblättern, sondern bildete mir ein, systematisch vorzugehen. Die Überzeugung, dass alles besser, einfacher und schöner wäre, wenn ich endlich dünn wäre, hatte ich sowieso nie verloren.

Meine Lehrerin schlug mir vor, Ökotrophologie zu studieren, dann könnte ich als Ernährungsberaterin arbeiten. Darauf hatte ich nun wirklich gar keine Lust. Ich wollte mich zwar am liebsten von morgens bis abends mit Kalorientabellen beschäftigen, aber ganz bestimmt nicht, um anderen Menschen Ratschläge zu geben. Das war «mein» Ding, ich wollte mein «Geheimwissen» mit niemandem teilen. Außerdem fühlte ich mich damals sowieso zu etwas Aufregenderem berufen: Ich wollte eine derjenigen sein, die die Modemagazine mit den tollen Fotos machte, die sich junge Mädchen übers Bett hängen. Letztlich hörte ich auf meine Eltern, die mir sagten: «Du kannst so gut mit Kindern, werd doch Lehrerin! Das ist ein sicherer Beruf, Lehrer:innen werden immer gebraucht!»

Ich schrieb mich für das Studium Technik/Textiles Werken und Deutsch auf Lehramt an der Uni in Hamburg ein.

1997, an meinem 21. Geburtstag, packte ich meinen weißen Ford Fiesta randvoll mit meinen Klamotten, Bildern, Dekozeugs und Zimmerpflanzen und machte mich auf den Weg. Ich heulte auf den ganzen 702 Kilometern, überfordert von meinem eigenen Mut, diese Reise ganz alleine anzutreten.

Nach ein paar drögen Monaten an der Uni, in denen ich wirklich jedem, den ich kennenlernte, erzählte, das ich sooo gern in einer Moderedaktion arbeiten würde, bekam ich ein Praktikum bei der Zeitschrift *Amica*. Das Heft gab es erst seit kurzem, es musste sich zunächst auf dem Markt beweisen, und ich merkte schnell, dass dort niemand auf eine unerfahrene Praktikantin ohne Modedesignstudium gewartet hatte. Alle in der Redaktion waren schön und schlank und phantastisch angezogen. Ich dagegen fühlte mich wie der Trampel vom Dorf. Während die anderen in ihren schicken Klamotten zusammen mittagessen gingen, blieb ich frustriert im Büro zurück. «Ich halte das nicht mehr aus, die sind alle so blöd zu mir!», beklagte ich mich bei meiner Mutter am Telefon. Sie erwiderte: «Das war doch dein Traum, beiß dich durch, diese Chance kommt nicht noch mal.» Recht hatte sie. Als Praktikantin war es meine Aufgabe, bei Modelabels und Pressebüros anzurufen oder Faxe zu schicken, um Musterteile zu bestellen. «Hier ist Melanie Jeske von der Redaktion *Amica*!» Dabei fühlte ich mich ein bisschen wichtig, auch wenn es nur darum ging, einen Verkaufspreis zu erfragen. Mir machte die Arbeit Spaß – Fotoshootings organisieren, mit

Hilfe der *Gelben Seiten* einen antiken Vogelkäfig besorgen, mich den ganzen Tag mit Mode und Models zu umgeben –, es fühlte sich richtig an, und vier Wochen waren viel zu kurz, um es richtig zu genießen.

Ein paar Monate später arbeitete ich als studentische Aushilfe im Archiv des Verlags *Gruner+Jahr* und sortierte gerade Fotos von Elefanten aus der *GEO* ein, als ich einen Anruf von der Redaktion der *Brigitte* bekam. Sie wollten mich sofort sehen, ich sei wärmstens mit den Worten «Sie kann karierte Maiglöckchen besorgen!» für die Stelle einer Modeassistentin empfohlen worden! Mir schoss das Blut von den Ohren in die Fußsohlen und wieder zurück, ich sagte sofort zu.

Den Morgen meines ersten Arbeitstages verbrachte ich damit, nervös ein Outfit zu wählen, das einer Modeassistentin gerecht wurde. Ich wollte meinen Körper in dem allerbesten Licht zeigen, das hieß für mich, klar, ich musste dünn aussehen. Ich wählte einen langen, schmalen Rock mit Blumenmuster, in dem ich schon einige Komplimente für meine Figur bekommen hatte. Nichts sollte einen falschen Eindruck hinterlassen.

Als Modeassistentin war ich vor allem damit beauftragt, die Musterteile für die Fotoproduktionen zu bestellen, zu sortieren und vorzubereiten. Schon eine Woche nach meinem ersten Tag flog ich allein mit acht vollen Koffern nach Lanzarote für eine Produktion für das kommende Sommerheft. Ich fand es unglaublich cool, all die modischen Teile auszupacken, zu steamen, zu sortieren und wieder einzupacken.

An meinem 22. Geburtstag stand ich also mit der verantwortlichen Redakteurin, der Fotografin, dem Fotoassistent, dem Model und dem Hair & Make-up Artist um sechs Uhr morgens vor der Ruine einer Finca irgendwo im Hinterland von Lanzarote. Ein Jahr zuvor hatte ich alleine in meinem Ford Fiesta

«Don't Speak» von No Doubt gehört und mich schrecklich gefühlt – jetzt stand ich da, wo die Fotos entstanden, die ich früher auf meine Collagen geklebt hatte. Es lief Hip-Hop, und wir fotografierten gleich eine ganze Strecke mit den angesagtesten Sommerklamotten.

«Häh? Was sind das denn für Sachen?!», unterbrach die Redakteurin jäh meine Schwelgerei. «Wir fotografieren doch jetzt die *Clean Summer Whites* und nicht die *Neue Folklore!*» Ich hatte die falschen Kleider eingepackt. Bei dieser Erinnerung bekomme ich immer noch Herzklopfen. Der schönste Tag wurde in Sekunden zum Fiasko. Ich schämte mich derart für meinen Fehler, dass ich es noch heute, gut 20 Jahre später, fühlen kann. Für mich war klar, das war's, vorbei, der Traum, in einer Moderedaktion zu arbeiten, ist um sechs Uhr morgens irgendwo in der kargen Landschaft von Lanzarote geplatzt, weil ich nicht richtig aufgepasst habe. Ich machte mir Vorwürfe und schimpfte innerlich fürchterlich mit mir. Wir fuhren übrigens zurück und holten die Sachen, niemand schrie mich an oder schmiss mich raus. Trotzdem wollte ich mich am liebsten in einem Erdloch verkriechen. Von da an versuchte ich, alles 150 Prozent richtig zu machen und diese einmalige Chance nicht zu versemmeln.

Beinah wöchentlich war ich bei Shootings dabei und organisierte sie auch bald selber. Zum Beispiel ließ ich Grobstrickmode in einem verlassenen Salzbergwerk fotografieren und reiste bis nach Florida, um dort von mir entworfene Strickmuster vor der Kulisse des Nationalparks fotografieren zu lassen. Auf den Shootings drehte sich alles um den Look des Models, mindestens eine Person war für die Haare zuständig, eine fürs Make-up, mehrere Personen entschieden, was das Model anzog, und dazu kamen die Fotograf:innen, Assistent:innen, Redakteur:innen und ich. Ich war jetzt dabei, wenn diese jungen

Frauen stundenlang zu dem hergerichtet wurden, was ich als Teenie in den Magazinen stundenlang bewundert hatte. Ich liebte die ungezwungene Atmosphäre am Set und den Fokus auf Schönheit und Ästhetik. Und nutzte die Gelegenheit, meinen Körper mit dem der Models zu vergleichen. Schließlich stand ich direkt neben ihnen, half ihnen beim Anziehen, machte Knöpfe und Reißverschlüsse zu, richtete Schmuck und Accessoires. Gleichzeitig konnte ich mir abschauen, wie sie sich verhielten – was sie aßen, tranken, wie sie sich bewegten. Ich arbeitete in all den Jahren mit nicht einem Model zusammen, das gern und viel aß. Und auch ich bestellte mir einen kleinen Salat zum Mittag und trank literweise lauwarmes Wasser. Eine Fotografin erklärte mir, dass dies das Hungergefühl stillte und sowieso gut für den Körper wäre.

Es gehörte zum guten Ton, als Redakteur:in in die Musterteile der Modelabels, meistens Konfektionsgröße 36, zu passen. Oft bekam man die Teile geschenkt oder bezahlte den Einkaufspreis. Anders hätten sich die meisten Frauen diese Labels gar nicht leisten können. Wir trugen sie besonders gern in der Redaktion, damit jeder sie sehen konnte. Das war wichtig, so signalisierten wir, dass wir dazugehörten. Und das war mir wichtig.

Ich erinnere mich an zwei Redakteur:innen mit größerem Körper, wobei beide Kleidergrößen trugen, die es in Standardläden zu kaufen gab. Sie dachten sich die Themen für dicke Menschen, die es hin und wieder ins Heft schafften, aus oder zeigten in einer extra dafür eingeführten Moderubrik, wie aktuelle Trends auch an «dickeren Körpern» umgesetzt werden können. Als bräuchte man dafür eine extra Anleitung. Es war mir klar, dass die beiden nicht einfach nur Moderedakteurinnen, sondern *dicke* Moderedakteurinnen waren. Diese zwei Sonderfälle brauchten wir für dieses «Nischenthema». Ich wollte lieber in die kleinen Musterteile passen, als die nächste Plus Size Story zu schreiben.

Bei der *Brigitte* hielt man es schon lange vor der Phase «ohne Models» für spannend, gelegentlich Redakteur:innen fürs Magazin zu fotografieren. Als ich gefragt wurde, war ich stolz wie nur was. Sie fanden, meine rote Lockenmähne würde einen guten Kontrast zur Hauptfarbe der Strecke «Unterwegs in Rosa» bieten. Ich färbte mir damals die Haare und drehte sie alle zwei Tage über Nacht auf Papilloten, behauptete aber lange, eine echte Rothaarige zu sein, weil ich mir so viel interessanter vorkam.

Ich wollte mich richtig ins Zeug legen, schließlich war es das erste Mal, dass ich auf der anderen Seite der Kamera stand. Jetzt gehörte ich zu den Frauen, die so schön waren, dass sie in Magazinen abgebildet wurden. Andere würden mich sehen, mein Bild ausschneiden und auf ihre Collagen kleben, wie ich es jahrelang getan hatte.

Am Shootingtag stand ich fertig geschminkt und frisiert bei der Stylistin, die mir einen üppigen Rock aus rosa Organza reichte. Sie zog die bauschige Wolke an mir hoch und ahnte, als sie den Reißverschluss zuziehen wollte, bereits Böses. Das Teil ging nicht mal zur Hälfte zu. Genauso lief es mit den meisten anderen Kleidern, welche für mich ausgesucht worden waren. «Kein Problem», rief die Fotografin, «wir fotografieren dich im Sitzen, dann sieht das keiner.» Ich war ein Sonderfall, den man nur im Sitzen fotografieren konnte. Wie damals im Kindergarten, als ich die Beine hochgezogen hatte, um meinen Bauch zu verdecken. Ich schämte mich den Rest des Shootings unendlich für meine Ausmaße.

Wenn ich mir heute diese Fotos anschaue, die die letzten zwanzig Jahre in einer Kiste in meinem Ankleidezimmer versteckt waren, bin ich verblüfft, wie stolz und strahlend schön ich darauf aussehe. Obwohl ich selber bei vielen Produktionen dabei war und wusste, wie viel dabei passend gemacht und gemogelt wird, brannte sich damals lediglich die eingebildete Peinlichkeit, nicht in die Kleider zu passen, in meine Erinnerung ein.

Wenige Monate später wurde ich wieder für das Magazin fotografiert, dieses Mal für das Cover des Sonderhefts, der *Brigitte Diät*. Das war natürlich ein Riesending. Fünfzig Jahre lang dachte sich die Redaktion diese Diät jedes Jahr neu aus, und je nachdem, was gerade angesagt war, lag der Fokus auf Fett, Kohlenhydraten oder Eiweiß. Und jedes Jahr war es die meistverkaufte Ausgabe und damit die bekannteste Diät in Deutschland. Ich hatte sie zusammen mit meiner Mutter einige Male selber durchgestanden. Wenn das Sonderheft herauskam, ging die gesamte Redaktion geschlossen auf diese Diät. Für zwei Wochen gab es die Rezepte sogar in der Verlagskantine, inklusive Frühstück und Zwischenmahlzeiten! Es gehörte zum guten und loyalen Ton, mitzumachen und darüber zu sprechen, als handelte es sich um das Wetter. Ich war natürlich ganz vorne mit dabei. Als die Anfrage für das Covershooting kam, fühlte ich mich also mehr als geschmeichelt. Das Bild sieht so aus: Ich, Anfang zwanzig, rosige Wangen, glänzende Haare, stehe an einem eckigen Porzellanwaschbecken und wasche eine Karotte, neben mir liegt ein Berg an Gemüse. Ich lache, als gäbe es nichts Schöneres, als Dreck von Wurzelgemüse zu putzen. Drüber steht in kursiver Schrift: «Viva! Die neue Sommer-Diät!» Warum ich auf einem Sommercover eine zartrosa Strickjacke anhabe, weiß ich allerdings nicht mehr. Aber ich sehe toll aus!
Jetzt kommt's: Ich war jahrelang, bis vor wenigen Monaten sogar, der felsenfesten Überzeugung, dass sie mich dafür foto-

grafierten, weil sie eine *dicke* Frau zeigen wollten. Wenn ich von diesem Foto erzählte, erst Freunden und später in Interviews, behauptete ich, ich sei das «Vorher»-Bild gewesen. Auf die Idee, dass eine lachende, Gemüse waschende Frau natürlich das Idealbild zeigte, nach dem die Leser:innen streben sollten, kam ich gar nicht. Ich hätte wissen können, dass auf Diätratgebern nie dick_fette Menschen abgebildet sind, schließlich besaß ich genügend davon. Stattdessen verdrehte ich es noch mehr und nahm das Bild seither als Beweis dafür, dass ich wirklich dick war. Schließlich war ich die «Vorher-Frau» bei der *Brigitte Diät*! So eine geistige Turnübung muss man erst mal vollziehen, vor allem als Teil der Redaktion, die sich diese «Schau, wie viel Spaß du mit Gemüse haben solltest!»-Storys ausdachte.

Die Redaktion eines Lifestylemagazins war die richtige Umgebung, um meinen Diät-Lifestyle zu normalisieren. Von einer älteren Kollegin schaute ich mir ab, mittags in der Kantine zwei große Salate mit verschwindend wenig Dressing zusammenzustellen, einen für gleich und einen fürs Abendessen. Ich hielt das für eine großartige Idee, vor allem weil sie mir mitteilte, dass «man nicht mal Sport machen müsste, um abzunehmen». Irgendwo las ich, dass Claudia Schiffer und andere Topmodels auf Alkohol verzichteten. Also ging ich nicht aus, trank nicht und löffelte stattdessen abends fettreduzierten Joghurt auf dem Sofa. Weder hatte ich viele Freunde, noch viel Geld, aber ich wollte mit dem schönen Leben ohnehin warten, bis ich dünn genug dafür war. Erst dann würde ich wirklich modische Kleider tragen und wirklich gut im Job sein. Dünn sein und glücklich sein waren zwei Seiten derselben Medaille, Letzteres ging nur mit Ersterem, das hatte ich all die Jahre geübt. Die Phantasievorstellung, was sein könnte, wenn ich endlich schlank wäre, fesselte mich an die Couch. Wenn ich in den Spiegel sah, sah ich, was an mir wegmusste, bevor alles, was ich wollte, überhaupt sein könnte. Und so verbrachte ich viele dieser Jahre in diesem eingebildeten «Vorher»-Status, abwartend und hungrig nach einer unbestimmten Zukunft.

Bei meinem nächsten Vorstellungsgespräch in der Moderedaktion eines Promi-Magazins trug ich einen Kunstledermantel in Kroko-Optik und schlug vor, eine Modestrecke mit «I Should Be So Lucky»-Kylie Minogue umzusetzen. Der Chefredakteur mit nach hinten geföhnten Haaren und lässig gekrempelten Hemdsärmeln sagte mir, ich könne mich ja durchaus sehen lassen, und gab mir den Job. Dort arbeitete ich oft bis nach 21 Uhr, bestellte Musterteile bei internationalen Pressebüros, organisierte Shootings, schrieb die unzähligen Produktseiten und bewertete Promis in identischen Outfits – alles meist auf den allerletzten Drücker. Meine erste eigene Modegeschichte zum «zeitlosen Marine-Style mit Fifties-Einfluss» fotografierte ich am Hamburger Hafen. Ich weiß noch, wie stolz ich darauf war! Ich arbeitete mit Prominenten wie Michelle Hunziker, Heike Makatsch, Sibel Kekilli, Nick Carter von den Backstreet Boys, Oliver Geissen und Sophie Ellis-Bextor, war in Edinburgh, Los Angeles, Kapstadt, Honolulu, Las Vegas und Rio de Janeiro für Produktionen unterwegs. Dieser Stress lenkte mich davon ab, mein Essverhalten obsessiv zu kontrollieren. Statt den restlichen Feierabend allein auf der Couch zu verbringen, ließ ich mich von meinem neuen Freund bekochen oder auf die Konzerte angesagter Indie-Bands mitnehmen. Das erste Weihnachtsgeschenk seiner Eltern, beides passionierte Marathonläufer, riss mich unsanft aus dieser Wonne: ein Jogging-Outfit. Das mir zu knapp war. Drei Tage später stand ich bei Schneeregen im Park und fing an zu rennen.

Nach der ersten, kurzen Runde stand ich schnaufend im Matsch und schaute an mir runter. Ich war fassungslos. «Was ist bloß passiert», meckerte meine innere Stimme. «Wie konntest du es dazu kommen lassen? Ist dir nicht peinlich, wie sehr dein Bauch schwabbelt!?» Doch, war es mir. So wie mein Bauch, mein Gewicht, meine mangelnde Kontrolle, diese naive Verliebtheit. Woche für Woche erhöhte ich mein Pensum, irgendwann rannte ich jeden Tag nach Feierabend. Dann stand ich sechs Uhr auf, um vor der Arbeit eine Stunde laufen zu gehen. Ich kaufte Bücher, um mehr übers Joggen zu erfahren, bestellte Eiweißpulver, begann mit Bikram-Yoga und machte auf dem Weg ins Büro einen Umweg, um ein paar Extra-Treppen hochzurennen. Ich dachte ständig darüber nach, wie ich meine Fettverbrennung ankurbeln könnte. Von meinem exzessiven Sportprogramm bekam ich Knieschmerzen, später Schmerzen in der Hüfte. Also bezahlte ich bei einem angesehenen Sportmediziner für Spritzen mit tierischen Inhaltsstoffen, die entzündungshemmend und durchblutungsfördernd wirken sollten. Fleisch und Fisch aß ich da schon seit Jahren nicht, aber mein Training durchzuziehen, war wichtiger. Nichts sollte meinen Weg zur Traumfigur bremsen, vor allem nicht mein eigener Körper! Was fällt dem ein, mit Schmerzen zu reagieren, wenn ich ihm etwas Gutes tun will.

In meinem neuen Job arbeitete ich mit High-Fashion-Designern, deren Musterteile waren kleiner geschnitten, fast winzig, als wären sie nicht für real existierende Personen gemacht. Dementsprechend dünn waren die Models, und ehrlich, die wenigsten waren es von Natur aus. Auch wenn sie schon zu den schmalsten der schmalen Menschen gehören, mussten die meisten sich einem strengen Regime unterwerfen, um in diese Teile zu passen. Ich erinnere mich, wie stolz ich war, eine Kleidergröße entfernt von den Musterteilen zu sein. Schließlich trugen die die richtigen Models, sie hingen in der Requisite der Redaktion. Um dieses gute Gefühl nicht zu verlieren, ging ich nicht mit den anderen in die Kantine, sondern dünstete Brokkoli in der Teeküche und gönnte mir dazu einen Esslöffel Hüttenkäse. Ich zählte am laufenden Band Kalorien, hörte auf, mit Freund:innen essen zu gehen, deckte mich mit Magerjoghurt ein, dazu der viele Sport. Ich schrieb Listen mit Dingen, die ich tun wollte, wenn ich endlich abnahm, denn dieses Mal hätte ich genügend Willenskraft und würde es wirklich schaffen. Mein Ziel war ein Urlaub in Florida, in dem ich eng anliegende Kleider und knappe Bikinis tragen wollte. Ich besaß sie schon alle, manchmal trug ich eines der Oberteile unter einem Kleid, nur nie am Badesee: Neckholder-Bikinis, brasilianische Bikinis mit seitlicher Schnürung, solche im 50er-Jahre-Stil mit Pünktchen und breitem Höschen und einen goldglitzernden Bikini. In dem wollte ich am Strand der Florida Keys sitzen und eiskalten Ananassaft trinken. Mit der *perfekten Bikinifigur.*

In Florida angekommen, hielt ich mich für so unförmig, dass ich jeden Tag joggen ging. Ich rannte bei 36 Grad durch Key West und hatte keine Augen für die hübsch bemalten Häuser und tropischen Gärten, sondern nur für meine Pulsuhr, die mir mitteilte, ob die Herzfrequenz optimal für den Fettabbau war. Ich merkte gar nicht, dass ich längst die Figur hatte, die ich mir vier Wochen vorher ausgemalt hatte, also blieb der Glitzer-Bikini im Koffer.

Als ich dreißig wurde, begann ich, für ein exzentrisches Modelabel zu arbeiten. Von der Stelle hörte ich von einem Freund nachts im Club, bei wummernden Bässen, und bot mich spontan an. Das Label fertigte vor allem ausgefallene Anzüge für Herren und verlieh sie an lokale Künstler und Musiker. Während es im Verlag für jeden Kugelschreiber ein Bestellformular gab, wurden hier die Dinge improvisiert und spontan gelöst. Der Chef stilisierte sich zum Enfant terrible der deutschen Modewelt und sprach in Interviews gern darüber, dass er sich ausschließlich von Feigen und Nüssen ernährte. Im Restaurant bestellte er seinen jungen, dünnen Freundinnen den Salat ohne Dressing.

Ich organisierte Modenschauen und Shootings und half Künstlern wie Michael Stipe und Jan Delay, Anzüge für ihre Tour auszusuchen. Selbst passte ich in kein einziges Teil der hauseigenen Damenkollektion, was mich natürlich massiv störte, schließlich wollte ich das Label repräsentieren. In keiner Größe gingen die Hosen über meine Hüften oder die Blazer über meine Taille. Nicht nur einmal bemerkte mein Chef, dass meine Figur sowieso nicht seiner Vorstellung der idealen Frau entsprach, an der er seine Entwürfe gern sehen würde. Schaut man sich die Schnittführung seiner Frauenkollektion an, wollte er eine Frau mit großen Brüsten, sehr kleiner Taille und schmalen Hüften. Mir war es trotzdem peinlich, dass ich außer den Schals und Schleifen nichts tragen konnte. Schließlich passten alle meine Kolleg:innen in die Anzüge. Bis auf eine weitere Frau arbeiteten dort junge Männer, die eine Größe unter «Sample Size» trugen und in den extravaganten Entwürfen oft aussahen wie aus einer anderen Epoche. Der Chef setzte sie gern bei den Kampagnen als Models ein – unbezahlt.

Mich nervte das Hungern, die Schwankungen, der Jo-Jo-Effekt und die Hartnäckigkeit, mit der mein Körper an den Kilos festzuhalten schien. Es wurde schwerer, mein exzessives Sportprogramm und Kalorienzählen in meinen stressigen Joballtag zu integrieren. Außerdem wollte ich gern bald schwanger werden und vorher endlich einmal richtig dünn sein.

Als die Hochzeit meiner Schwägerin anstand, auf der ich unbedingt ein hellblaues Chiffonkleid in «Sample Size» tragen wollte, das schon länger in meiner Ankleide hing, fiel mir ein Gespräch mit einer ehemaligen Kollegin wieder ein. Ich traf sie zufällig wieder, und sie war viel dünner, als ich sie in Erinnerung hatte. Natürlich war das unser Gesprächsthema, und sie berichtete mir bereitwillig davon, dass sie und ihre Mutter mit «Pillen aus China» innerhalb von zwei Wochen abgenommen hatten. Den Kontakt schickte sie mir gern. Dass das keine gesunde oder nachhaltige Art war, um Gewicht zu verlieren, wusste ich. Aber war es das nicht wert? Wie schlimm konnte es sein, wenn sie und ihre Mutter es auch machten? Es ging nur um zwei Wochen. Ich wollte doch endlich wissen, wie es sich anfühlte, wirklich dünn zu sein! Also schrieb ich eine E-Mail an eine Adresse mit einer unlesbaren Kombination aus Zahlen und Buchstaben und sendete Geld an ein *Western Union*-Konto. Wochenlang hörte ich nichts, dann konnte ich einen prallgefüllten Luftpostumschlag bei der Postfiliale abholen. Auf dem Zollschein stand «Grüntee», drinnen waren zwei Packungen mit Illustrationen eines sehr dünnen Frauenkörpers. Die bunten Schachteln minderten meine Bedenken. Ich hatte befürchtet, lose Pillen zu bekommen, dieses Produkt sah jedoch halbwegs offiziell aus, auch wenn ich keinen der Texte darauf lesen konnte.

Ich nahm die Pillen für zwei Wochen, in denen ich quasi keinen Hunger hatte und fast nichts zu mir nahm. Also verlor ich schnell etliche Kilogramm. Ich schlief wenig, war ständig unruhig und erledigte manisch alle möglichen Dinge, putzte mitten in der Nacht die Fenster oder räumte mein komplettes Ankleidezimmer aus und wieder ein. Tagsüber arbeitete ich ohne Pause. Ich hatte Herzrasen und extreme Stimmungsschwankungen, ans Aufhören dachte ich nicht. Mein Ziel zu erreichen, war wichtiger, als auf meinen Körper zu hören. Nach ein paar Monaten nahm ich die Pillen sogar noch mal.

Ich weiß natürlich nicht, was genau drin war, aber es war in der Zeit, in der der deutsche Zoll am laufenden Band riesige Sendungen Sibutramin beschlagnahmte. Dieses verschreibungspflichtige Medikament wurde wegen der starken Nebenwirkungen eigentlich vom Markt genommen. Es hemmt den Appetit und macht euphorisch, weil es in der Struktur Amphetaminen ähnlich ist. Ich war im Prinzip zwei Wochen lang wie auf Speed. Mein Herz-Kreislauf-System und mein Immunsystem leisteten Schwerstarbeit, mein Körper war wie in einem konstanten Fluchtmodus.

Ich erzählte niemandem von diesen Pillen. Einerseits, weil ich wusste, wie ominös es war, und andererseits, weil ich alle überraschen wollte. Mein plötzliches Dünnsein sollte alle begeistern und nicht etwa ob der Gesundheitsrisiken in Sorge versetzen.

Ich sehnte mich nach Sicherheit, Geborgenheit und einer eigenen Familie, ich wollte früh Mutter werden und hatte auf einmal das Gefühl, dass die Zeit drängte. Schon seit einiger Zeit versuchte ich, schwanger zu werden. Es wollte einfach nicht klappen, und je länger es dauerte, desto unsicherer wurde ich. Jeder vorbeirollende Kinderwagen versetzte mir einen Stich ins Herz. Wieso hatten alle anderen Babys, nur ich nicht? Schon wieder etwas, das mein Körper nicht konnte … Warum machte er nicht einfach das, was ich von ihm verlangte?

Dank der Hilfe meiner Ärztin hielt ich im April 2007 einen positiven Schwangerschaftstest in der Hand – ich war gleichzeitig überglücklich und überwältigt. Ich sollte Mutter werden.

Mein Körper veränderte sich bereits in den ersten Monaten der Schwangerschaft rasend schnell, meine Brüste wurden runder, mein Bauch, Po und meine Hüften wuchsen. Ich beobachtete jede Veränderung argwöhnisch, wie damals in der Pubertät. Ich konnte mich nicht zurücklehnen und meinen Körper machen lassen, ich hatte kein Vertrauen in das, was er leisten könnte. Aber ich wollte alles richtig machen und auf jeden Fall ausreichend essen, um die Schwangerschaft nicht in Gefahr zu bringen. Dabei war die Angst, dass die «Babypfunde» niemals wieder weggehen würden, mein ständiger Begleiter. Es half nicht, dass mich ständig Menschen fragten, wie viele Babys denn unterwegs wären. Gleichzeitig war es das erste Mal, dass ich Lob für meinen Bauch hörte.

Auch nach der Geburt hatte ich Schwierigkeiten, mich in meinem Mutterkörper wohlzufühlen. Das andauernde Stillen und der mangelnde Schlaf laugten mich aus, ich hatte keine Minute für mich. Ohne Kind drin fühlte sich mein schlaffer Bauch leer und unnütz an. Ich war froh, dass gerade Oversize-Schnitte im Trend waren, die meinem Wunsch, meine Formen zu verstecken, sehr entgegenkamen.

Als mein Sohn gerade fünf Monate alt war, rief mein Chef an. Die Elternzeitvertretung hatte verfrüht gekündigt, ich sollte sofort zurückkommen. Erst zwanzig Stunden wöchentlich, wenige Monate später Vollzeit. Mein Mann war mittlerweile für sein Studium nach Berlin gezogen. Ab da hieß Mutter sein für mich, ständig zwischen Arbeit und Kinderbetreuung hin und her zu hetzen. Ich musste funktionieren, und dafür konnte ich meinen Wünschen und Bedürfnissen keinen Raum geben. Über die hohe Belastung und meine Sorgen sprach ich mit niemandem, ich dachte, dieser Zustand konstant an der Belastungsgrenze gehöre dazu. Ich war immer müde und kaputt. Oft schlief ich nach der Einschlafbegleitung meines Sohnes neben dem aufgeklappten Computer vor den Arbeitsmails ein. Nicht nur die mangelnde Zeit, auch mein Wunsch, Gewicht zu verlieren, führten dazu, dass ich meiner eigenen Ernährung keine Aufmerksamkeit schenkte. Lieber aß ich die Reste des Breigemüses, das mein Kleinkind beim Abendbrot übrig ließ. Ich sehnte mich nach meinem Körper, wie er vor der Geburt gewesen war. Dass dieser ein Ergebnis von gesundheitsschädlichen Pillen gewesen war, verdrängte ich. Zwischen dem anstrengenden Job, einer lieblosen Ehe und der einengenden Mutterrolle blieb kein Platz für mich. Ich wünschte mir meine Freiheit und Selbstbestimmung zurück. Und wer bekam diesen Frust ab? Nicht mein Mann, mein Chef oder die Gesellschaft, sondern mein eigener Körper. Ich suchte die Fehler bei ihm, der mich wieder mal vermeintlich von meinem Glück abhielt. Ich bestellte schmale Sommerkleider und zarte Tops und behielt sie, obwohl sie mir nicht passten. Sie hingen an meinem Schrank wie Mahnmale, für das, was sein könnte, wenn ich mich endlich mal zusammenreißen würde. Die Geburtstagsfeier einer Freundin in der Toskana reichte mir als Anlass, das Mittagessen mit Cola Light zu ersetzen. Ich brachte das Kind früher als nötig in den Kindergarten, um vor dem Büro mit leerem Magen Runden im Park zu rennen, und wenn es schlief, absolvierte ich schweißtreibende Gymnastikeinheiten im Wohnzimmer. Im Kühlschrank stapelten sich die Magerjoghurts. Hunger schlich sich als ständiger, altbekannter Begleiter wieder in mein Leben. Ich war immer hungrig. Hungrig nach Bestätigung, nach Aufmerksamkeit, danach, dass mich andere sexy fanden. Wenn Bekannte zu mir sagten: «Du siehst ja wieder richtig gut aus», hallte besonders das «wieder» in meinen Ohren nach. Ich wusste es – jeder hatte gesehen, wie falsch mein Körper vorher war.

Zur gleichen Zeit begann ich, mir ein Stückchen von dem Leben zu erobern, das ich für selbstbestimmt hielt. Mit einer Gruppe Freundinnen mit Kindern verbrachte ich die Nachmittage auf Spielplätzen, dort schmiedeten wir Pläne, abends zusammen auszugehen. Wir fanden jede Menge Lösungen, Kinder und Partys unter einen Hut zu bekommen. Entweder parkten wir die Kinder bei einer Freundin mit Babysitter:in und radelten alle zusammen in einen Club oder wechselten uns mit dem Ausgehen ab. Diese Pause vom Windelwechseln und Breifüttern war für mich wirklich wichtig und das Gefühl dieser Freiheit unbeschreiblich. Dass meine Ehe zu dem Zeitpunkt eigentlich schon vorbei war, konnte ich so auch besser ignorieren.

In einer dieser Nächte begegnete ich einem Typen, der zusammen mit drei anderen Männern ein bemühtes Nacktmagazin herausgab und auf mich überaus cool und unangepasst wirkte. Wir waren sofort voneinander fasziniert und begannen, jede (kinder)freie Minute miteinander zu verbringen und uns Tausende Nachrichten zu schicken. Alles an ihm verhieß Spaß, Abenteuer, Zügellosigkeit und Freiheit. Die Zeit mit ihm war ein Ausbruch aus meinem Leben, das mir langweilig und eintönig schien. Ich genoss es, wie wir unsere Verliebtheit zelebrierten. Zu meinem Geburtstag schenkte er mir ein dickes, gebundenes Buch mit all unseren Nachrichten, wir posteten laufend verliebte Fotos auf Facebook und unserem eigenen Blog und ließen uns nach sechs Monaten Partnertattoos stechen – es blieb mein erstes und einziges. Seine überschwängliche Aufmerksamkeit schmeichelte mir. Ich fühlte mich nicht mehr nur als Mutter, sondern als attraktive Frau, Verliebte, sein Partner in Crime. Dass er mich liebte und unterstützte, musste heißen, dass ich so schlecht nicht war. Seine Zuneigung füllte all die Lücken, die ich bis dahin nicht selbst hatte ausfüllen können. Ich wurde richtig süchtig nach diesem Gefühl. Ständig gingen wir zusammen aus, verbrachten zwanzig Stunden im Berghain, veranstalteten Nude Camps mit Freund:innen an der Ostsee und gründeten unser eigenes Nacktmagazin. Er liebte es, sich mit Körperlichkeiten und Körperöffnungen zu beschäftigen und lebte das offensiv aus. Dass er damit ausschließlich dünne Körperlichkeiten meinte, stellte ich nie in Frage. In seinen Arbeiten fanden ausschließlich schlanke, teilweise sehr dürre Menschen statt. Das war für ihn essenziell. Für unser Magazin sichteten wir oft zusammen Fotos von Körpern, die er für makellos hielt. Er sprach darüber, was für «geile Körper» das waren, und nannte die Frauen gern «geile Alte». Er liebte und mehrte seinen Ruf als ungezogenes Schlitzohr. Irgendwann nach unserer Trennung sprayte er in ganz Hamburg Pimmel an die Wand und fand sich deshalb richtig cool.

Als er in einem Nebensatz erwähnte, dass er «noch nie eine so dicke Freundin hatte», hungerte ich wieder. Ich wollte unbedingt die attraktive Frau an seiner Seite bleiben und wusste, dass ich dafür genauso schlank wie die Frauen auf seinen Fotos sein musste. Ich war überzeugt, dass es an mir war, ihm zu beweisen, dass ich schön und damit wertvoll war. Dabei platzierte ich mich in einem konstanten Wettbewerb mit den anderen Frauen, die er anhimmelte.

Meine Freund:innen warnten mich; ich solle aufpassen, sie nannten ihn einen Hallodri. Ich tat es ab, behauptete «ja, früher vielleicht, jetzt ist er ganz anders». Ich glaubte, unsere Liebe würde ihn ändern. Mein Selbstvertrauen stieg, ohne dass ich merkte, wie sehr das von seiner Bestätigung abhing. Wenn ich seine Grenzüberschreitungen herausfand und ihn konfrontierte, redete er sich raus, und am Ende entschuldigte ich mich. Wenn andere mich auf seine unangebrachten Anmachen ansprachen, entschuldigte ich ihn: «Das meinte er nicht so» oder «Er ist eben so». Ich wurde richtig gut darin, ihn zu unterstützen.

Weil er traurig war, dass er selber kein richtiger Fotograf

war, schenkte ich ihm Fotoproduktionen für unser Heft und machte Styling und Make-up. Schließlich war ich diejenige, die die meiste Erfahrung und die Kontakte zu Unterwäsche- und Strumpfhosen-Labels hatte. Ich ermöglichte ihm, sich seinen Traum zu erfüllen, als Nacktfotograf zu arbeiten. Er fotografierte Frauen, die er über Facebook akquirierte: eine magere Yogalehrerin mit kurzen Haaren und eine bulimische Schauspielerin. Oder meine dünnen Freundinnen, nur in Strumpfhosen oder Unterwäsche gekleidet. Mich fotografierte er, wenn er jemanden für einen Lichttest brauchte. Ich war trotzdem stolz darauf und benutzte die Bilder, wie früher das Maßband und die Waage, als Kontrolle für meine eigene Wertigkeit. Mein Mann verehrte all diese dünnen Frauen, aber ich wollte ihm zeigen, dass ich die Sexyste und Schlauste von allen, dass ich etwas Besonderes war.

Nach einem Jahr fand ich in seinem Handy Nachrichten an andere Frauen. Viele andere Frauen. Sehr viele andere Frauen. Die meisten davon kannte ich. Er schrieb Frauen aus der Medienbranche, Frauen, mit denen wir arbeiteten, Frauen, mit denen wir Partys feierten – und zwar mehr als explizite Nachrichten. Mir zog es den Boden unter den Füßen weg. War das ganze Bohei um unsere Verliebtheit vorgespielt? Dabei hatte ich mich doch angestrengt! Reichte ich nicht aus? Konnte ich ihm überhaupt das geben, was er brauchte?

Hätte ich damals wirklich das Selbstbewusstsein gehabt, was ich glaubte, durch ihn bekommen zu haben, hätte ich ihn nach dieser Entdeckung sofort vor die Tür gesetzt. Stattdessen tat ich, was ich schon immer getan hatte, und suchte den Fehler bei mir. Schließlich entsprach mein Körper gar nicht seinem Ideal, außerdem hatte ich so wenig Zeit. Er gab mir oft zu verstehen, dass er es problematisch fand, dass ich ihn nicht Chef des Hauses sein ließ: «Ich will mein Leben nicht nach den Launen eines Fünfjährigen ausrichten. Ich will eine Frau, die mir das Gefühl gibt, dass ich als ihr Mann das Wichtigste an ihrer Seite bin.» Seine Eifersucht auf mein Kind schubste mich in einen Balanceakt, den ich nicht meistern konnte. Irgendwann war ich zu erschöpft, um ständig auf ausschweifende Partys und schlaflose Reisen zu gehen. Da warf er mir vor, dass es mit mir keinen Spaß mehr machte. Deswegen könnte er nicht mehr viel in unsere Beziehung investieren, erklärte er mir. Und fügte hinzu: «Du bist ganz schön auseinandergegangen, schau dich mal an.» Das musste er mir nicht zweimal sagen, denn meine Minderwertigkeitskomplexe überwand ich auch in dieser Beziehung nicht. Jetzt war es meine Aufgabe, mich damit zu beschäftigen, was in seinen Augen an mir unerwünscht und minderwertig war. Je unsicherer ich mit unserer Beziehung wurde, desto unsicherer wurde ich in allen anderen Bereichen meines Lebens.

Irgendwann war ich nur noch erschöpft. Dieses Gefühl ging nicht mehr weg. Ich schlief zu wenig und wachte jeden Morgen mit brummendem Kopf auf. Mein Körper fühlte sich schwer an. Ich schleppte mein noch halb schlafendes Kleinkind in den Kindergarten, eilte ins Büro, arbeitete ohne Mittagspause an der nie endenden To-do-Liste, holte das Kind ab, schleppte es zum Spielplatz, dann war es schon wieder Zeit fürs Abendessen und den Kampf ums Einschlafen. Bis Mitternacht beantwortete ich Mails für unser Magazin und fiel erschöpft ins Bett, um am nächsten Tag den gleichen Marathon wieder zu laufen.

Ich war launisch und ständig gereizt, konnte mich nicht konzentrieren und brauchte für jede alltägliche Aufgabe ewig. Ich vergaß zu essen und freute mich darüber. Schließlich entsprach mein Körper nicht meiner Idealvorstellung. Hatte er mich nicht erst in diese Bredouille gebracht? Hätte ich die gleichen Probleme überhaupt, wenn ich dünn wäre?

Meine Nerven waren strapaziert, schon ein Blick auf den vollen Wäschekorb brachte mich zum Weinen. Mein Alltag erschien mir als nicht mehr zu bewältigen. Damals sprach ich darüber mit niemandem. Ich konnte es sowieso keinem recht machen, vor allem nicht mir selbst. Ich musste funktionieren, für mein Kind, meinen Job und diesen Mann, dafür mussten meine Bedürfnisse hintanstehen. In mich zu gehen, einzuordnen, was da passiert, konnte ich mir nicht leisten. Stattdessen legten sich die Unzufriedenheit, die Unzulänglichkeit, die Müdigkeit, der Stress, die Überlastung und all die überzogenen Erwartungen wie ein schwarzer Schleier um mich. Ich konnte weder mich selbst noch meine Umgebung klar wahrnehmen, während der Schleier schwerer und schwerer wurde.

Drei Tage vor meinem 36. Geburtstag saß ich auf dem Rand meiner Badewanne, um mich abzutrocknen. Ich war sowieso schon wieder zu spät, seit einer halben Stunde sollte ich im Büro sitzen, meinen Sohn davor im Kindergarten absetzen, aber er hatte noch nichts gefrühstückt, und neben mir stapelte sich die Wäsche, dahinter sah ich den unerledigten Abwasch. Als ich aufstand, um das Handtuch wegzulegen, sah ich mich selbst im Spiegel – der Bauch weich, die Brüste schlaff, meine Haut fahl. Mir stiegen die Tränen in die Augen.

Der Moment, in dem ich in das schwarze Loch fiel, das für viele Monate mein Zuhause sein würde, war dann relativ unspektakulär. Es war ein typischer Hamburger Novembertag, irgendwo zwischen Nebel und Regen. Mein Chef hatte die Miete für unser altes Büro nicht aufbringen können, also waren wir spontan in provisorische Räume gezogen. Dort herrschte erst einmal ein riesiges Chaos, es stapelten sich Kleiderstangen, Ordner, Büromaterialien und Mitarbeiter:innen. Das Internet funktionierte nicht, und die Glühbirne an der Decke schaffte es kaum, den ganzen Raum zu beleuchten. Während ich versuchte, mein Ladekabel in einem der Kartons zu finden, rief mein Chef an. Ohne Begrüßung bellte er: «Sag mal, ist der Text für die Pressemitteilung etwa immer noch nicht fertig?!?»

Ich stand an meinem vollen Schreibtisch, blickte in den halb ausgetrunkenen Kaffeebecher vom Vortag – und das war's. Als hätte jemand in diesem Moment den Stecker gezogen. Ich setzte mich, verfehlte dabei den Stuhl und plumpste auf eine leere Umzugskiste. Und durch die hindurch fiel ich wie in ein Loch. Ich hockte am Boden und hörte alles nur noch gedämpft, als säße ich unter einer Glasglocke. «Melanie? Was ist los?» Die besorgte Stimme meiner Kollegin klang wie meilenweit entfernt, obwohl sie direkt neben mir stand. «Geht's dir nicht gut?»

Mein Körper fühlte sich schwer und gleichzeitig leicht an. Ich hatte keine Kraft in meinen Beinen und schaffte es nur mit ihrer Hilfe aus der zerdrückten Kiste auf meinen Bürostuhl. «Was ist denn los? Hast du nichts gefrühstückt?» Ich hatte keine Antwort. Ich wusste nicht, was mit mir los war. Meine Stimme war erloschen und mein Kopf nicht mehr auf meinem Körper. Ich wollte schlafen. Meine Kollegin packte mich in ihr Auto, brachte mich nach Hause, und ich legte mich ins Bett. Ich wollte, dass dieses schwere, bleierne Gefühl aufhört. Aber mein Körper hatte für mich entschieden: Schluss jetzt!

In der ersten Zeit war es mir peinlich, überhaupt länger als eine Woche krankgeschrieben zu sein. Schließlich konnte ich keinen gebrochenen Arm vorzeigen. Warum also konnte ich nicht einfach wieder arbeiten? Am Anfang ging ich zu meinem Hausarzt, aber der konnte mir nur kurzfristige Atteste ausstellen, also riet er mir, eine:n Psychiater:in aufzusuchen. War ich denn überhaupt krank? Ich wollte doch nur nicht mehr so erschlagen sein. Zum Glück fand ich schnell eine sehr gute Nervenärztin, die meinen Zustand verstand. Sie gab mir die Diagnose Burnout, Erschöpfungsdepression, und schrieb mich krank. Als ich wissen wollte, wie lang, sagte sie: «Das wird dauern. Ein Jahr oder länger. Lassen Sie sich Zeit. Sorgen Sie für sich.»

Ich konnte nicht glauben, dass ich einen Burnout haben sollte. Wie hatte ich denn das schon wieder hinbekommen? Am liebsten wollte ich verschwinden. Alles in mir schmerzte. Und ich war müde. Mich beruhigte, dass sie wiederholte, ich müsse mich für diese Diagnose nicht schämen. Aber was sollte Burnout überhaupt für eine Krankheit sein? Hatte ich nicht lediglich beruflich sowie privat versagt? Und ein Jahr? Oder länger? Wie sollte ich das finanziell schaffen? Mir Zeit lassen? Was sollte ich denn ein Jahr lang machen? Ich wollte lieber allen und besonders mir selbst wunderkindmäßig beweisen, wie schnell ich wieder da rauskomme.

Den Monat nach der Diagnose verschlief ich. Irgendwann lag die Kündigung im Briefkasten, meinem Chef drohte die Insolvenz, und ich war die Erste, der er kündigte. Eine Woche später zog der Mann mit den Worten «Mit dir ist nichts mehr anzufangen» aus. Meine Hoffnung, schnell zurück in mein altes Leben zu können und das Versäumte aufzuholen, war damit zerschlagen.

Ich saß ganz tief unten im schwarzen Loch. Der Job war weg, der Mann war weg und das Selbstbewusstsein mit ihnen. Dafür hatte ich eine Depression und eine Wohnung, die ich kaum bezahlen konnte. Ich hatte mich angestrengt, trotzdem funktionierte nichts. Ich wusste gar nichts mehr.

Irgendwann saß ich bei meinem Therapeuten, und er fragte mich: «Welche positiven Gefühle haben Sie für Ihren Körper?»

Positive Gefühle? Für meinen Körper? Ich hatte keine Antwort und hielt die Frage für absurd. Warum soll ich bitte positive Gefühle für meinen Körper haben?! Machte er mein Leben nicht nur schwer? Er stand mir doch nur im Weg! Positive Gefühle? Ich glaube, es piept! Ich hasse meinen Körper! Ich hasse meinen schwabbeligen Bauch, der mich keine engen Kleider tragen lässt. Ich hasse meinen runden Po, über den keine Hose passt. Ich hasse meine hängenden Brüste, die seit der Geburt noch schlaffer sind. Der Therapeut fragte mich das in jeder Stunde, wieder und wieder und wieder. Ich war völlig entnervt.

Bis ich sagte: «Ich find's krass, dass mein Körper immer noch da ist, obwohl ich viele Jahre so scheiße zu ihm war.»

III

Wieso waren wir uns
so fremd?

**Was sagt es über
unsere Kultur, dass
das Verlangen nach
Gewichtsverlust für
ein Standardmerk-
mal des Frauseins
gehalten wird?**

Roxane Gay

Dass die Geschichte meines Körpers eine des Versagens,
der Scham und des Hasses ist, dessen war ich mir viele
Jahre sicher. Ich war überzeugt, dass dieser Körper – mein Körper, der einzige, den ich jemals besitzen werde – mir Hindernisse in den Weg stellt und nie das tut, was ich von ihm will.

Mein Körper und ich waren uns fremd, ich konnte seine
Form und Grenzen beschreiben, sehr gut sogar, verstand aber
nicht, wie er funktioniert. Oder besser, warum er nicht so funktionierte, wie ich wollte. Wie ich meinte zu wollen. Oder wollen
zu müssen.

Ich machte ihn zu einer Gegnerin, die ich bezwingen muss.
Dass ich gegen sie nicht gewinnen konnte, lag nicht etwa daran,
dass es nichts zu gewinnen gab, sondern allein an meiner Unfä-

higkeit. Mir war weder mein Willen stark genug, noch arbeitete ich hart genug an mir. Während alle anderen Frauen deutlich besser darin waren, ihren Körper zu optimieren, gelang mir einfach gar nichts. Aus dieser Überzeugung heraus beschäftigte ich mich über dreißig Jahre lang ständig intensiv mit dem Aussehen meines Körpers. Ich vermaß ihn, wog ihn, begutachtete und beurteilte ihn, als wäre er ein Produkt, das ständiger Verbesserung bedarf. Als wäre er ein ungezügeltes Ding, das ständig im Auge behalten werden muss. Nicht ein lebendiger, sich ständig erneuernder Körper, der meiner Seele ein Zuhause gibt.

Jahre lebte ich, als gehörte mein Körper gar nicht zu mir. Als würde er mir derbe im Weg rumstehen und mich von einem besseren, glücklicheren und erfolgreicheren Leben abhalten. Wie viele Dinge verschob ich auf die Zeit, wenn mein Körper endlich «schlank» und in meinen Augen damit automatisch richtig und wertvoll war. Bis dahin wollte ich Kleider nicht tragen, sagte Dates ab, ging nicht mit an den Badesee, bestellte im Restaurant nur ein Getränk und hielt lieber meinen Mund, als Kritik zu äußern. Alles aus Sorge, man würde mich nicht ernst nehmen, sich über mich, die «Dicke», lustig machen. Also saß ich voll bekleidet an Rios Copacabana, weil ich meinen Körper nicht für einen *Bikini Body* hielt. Oder konzentrierte mich beim Sex darauf, den Bauch einzuziehen, damit dieser auf keinen Fall unschön aussieht.

Ich musste 40 Jahre alt werden, um festzustellen, dass ich mit meinem Körper in einer Zweckgemeinschaft lebte, in der ich so tat, als seien wir nicht in einem Team. Erst dann begann ich, das zu hinterfragen. Wollte ich wirklich die nächsten 40 Jahre in einem Kampf gegen meinen Körper verbringen?

Wie tief diese gefährliche Überzeugung, dass mein Körper etwas gegen mich hat, saß und immer noch sitzt, stellte ich erschrocken bei der Arbeit an diesem Buch fest. Um zu beschreiben, was für ein dickes Kind ich war – wie ich es etliche Male Freund:innen erzählt und in Interviews erwähnt hatte –, sichtete ich Fotos und meine Tagebücher. Aus zerfledderten Kladden und eingedrückten Pappkartons zog ich Bilder und Zettel, ich wusste genau, nach welchen Momenten ich suchte, hatte sie exakt vor Augen. Schließlich dienten sie mir früher als Mahnmale meiner Unzulänglichkeit, als Warnung: So wollte ich auf keinen Fall je wieder aussehen! Oft wollte ich sie lieber zerreißen, so unangenehm waren sie mir, aber ich bewahrte sie aus Sentimentalität – zum Glück – auf.

Jetzt war ich auf der Suche nach Beweisen dafür, dass meine Erinnerung stimmte. Ich wusste doch, dass ich dick war. Ich hätte auf den Namen meiner ersten Katze geschworen: Mein Körper war schon immer unförmig, maßlos und unangemessen.

Ich fand gelbstichige Fotos von 1979, auf denen ich im rosa Strickkleidchen glücklich ein gut gefülltes Osterkörbchen in der Hand halte. Fotos meiner Thailandreise 1999, stolz strahle ich im kurzen Taucheranzug und mit nassen Haaren in die Kamera. Und das Bild meines größten sportlichen Erfolges als Achtjährige, als ich in meinem Lieblingsbadeanzug mit Minnie-Mouse-Druck vom Fünfmeterbrett sprang. Ich ordnete die Fotos nach Lebensabschnitten und besonderen Momenten, machte einen Stapel für meine erste eigene Wohnung in Hamburg und meine Einschulung, für mein erstes Musikfestival und meine Abschlussfeier. Strategisch wollte ich nach Abbildungen meiner dicken Identität suchen. Ich erinnerte mich an ein bestimmtes Foto, auf dem ich ein knielanges, schmales Seidenkleid mit Leoprint trage. Ich wusste genau, dass ich mich darin dick fand.

Deswegen zog ich das hübsche Kleid lediglich ein einziges Mal für dieses Foto an. Als ich es endlich in den Händen hielt, ist darauf eine strahlende 23-jährige Melanie zu sehen, das Kleid passt ihr perfekt, sie sieht toll aus. Vielleicht erinnerte ich mich falsch? Vielleicht war es doch ein anderer Moment? Schließlich sind gut 20 Jahre vergangen, seit ich diese Fotos im Januar 2000 mit dem Selbstauslöser meiner Kamera gemacht habe. Ich suchte angestrengt weiter, irritiert von der Feststellung, dass ich gar nicht so dick aussah, wie ich mich fühlte. Fieberhaft überlegte ich: Wo sind die Fotos von der dicken Melanie? Nach und nach holte ich alle Fotos aus der Kiste, bis jeder freie Fleck auf dem Boden meines Wohnzimmers mit meiner Vergangenheit bedeckt war und ich mich nur noch auf Zehenspitzen bewegen konnte. Da lag meine Lebensgeschichte in vielen, vielen Bildern. Kein einziges dieser Fotos zeigte, wie dick ich mich in all der Zeit gefühlt hatte. Das konnte doch nicht möglich sein? Auf keinem sah ich eine Erklärung dafür, warum ich all diese Jahre obsessiv in die Verkleinerung meiner Figur investiert hatte.

War mein Dicksein, der Grund, warum ich über so viele Jahre so hart zu mir war, am Ende eingebildet? Wie absurd! Vollkommen absurd!

Zwischen meiner damaligen Wahrnehmung und dem, was ich heute sehen kann, klafft eine große Lücke. Warum litt ich all die Jahre unter der fixen Vorstellung, dass mein Körper ein einziger, riesengroßer Fehler war? Warum war ich so überzeugt davon, dass mein eingebildet dicker Körper der Grund für meine Unzufriedenheit war und sich alles wie von Zauberhand auflösen würde, wenn ich endlich «schlank» sein würde?

Vor mir lag der Beweis: Ich habe mich nur «dick gefühlt». So «dick gefühlt», dass ich abwechselnd magersüchtig, sport- und diätabhängig und auf jeden Fall immer unerbittlich zu mir selber war. Aber warum war mein Selbstbild so gestört?

Diese Frage kann ich mittlerweile leicht beantworten: Ich lebe in einer Diätkultur, einer Gesellschaft, die von Diätpropaganda (zuweilen unbemerkt) überschwemmt wird. Vielleicht müssen einige Leser:innen ob dieser bahnbrechenden Erkenntnis ein bisschen schmunzeln, aber ich war ehrlich überrascht, dass mein Selbstbild derart verzerrt war. Und das, obwohl ich mich seit einigen Jahren mit diesem Problem auseinandersetzte und wusste, dass mich sein Einfluss krank machte.

Diätkultur ist viel mehr als «Beach Body»-Mahnungen auf Zeitschriftencovern, Slim-Fast-Werbung an jeder Bushaltestelle oder die Tatsache, dass 99 Prozent der Models bei der Fashion Week besorgniserregend dünn sind.

Diätkultur beschreibt eine Gesellschaft, auf der ein unsichtbares Netz aus Definitionen und Glaubenssätzen liegt, das den Wert eines Menschen anhand seines Äußeren definiert. Schlank und dick sind so nicht etwa gleichwertige Varianten, sondern zwei eindeutige Gegensätze. Schlankheit ist dabei das Ideal, das ultimative Statussymbol, nach dem wir alle streben (sollten). Wer als schlank gelesen wird, gilt als schön, gesund und diszipliniert und muss das gar nicht mehr anders unter Beweis stellen, bekommt also eine Pole-Position zugewiesen. Damit das funktioniert, muss das Dicksein immer das Gegenteil davon sein: Wer als dick_fett gelesen wird, gilt als hässlich, ungesund und faul. Körperfett ist der sichtliche Beweis für Willensschwäche.

Und das ist ein Tabu. Nicht schlank sein wollen existiert in der Diet Culture als legitime Idee nicht. Sich diesem Wertesystem zu entziehen, erscheint uns absurd, gar anmaßend. Wer, bitte, will nicht dünn sein?! So wird eine Gewichtsabnahme in der Regel mit Anerkennung, Bewunderung und Wertschätzung belohnt, die Gewichtszunahme umgekehrt diskreditiert. Zu sagen, ich will gar nicht abnehmen, ist ein Affront für all jene, die die Diet Culture nicht hinterfragen oder gar nicht erst sehen, dass sie existiert. Dünnsein ist gut, und Dicksein ist schlecht – Punkt. So hören sie statt «Ich will nicht dünn sein», ganz im Sinne der Gegensätzlichkeit: Ich will gar nicht schön oder gesund oder erfolgreich sein.

Ich stelle mir Diätkultur als überdimensionales Puzzle mit Tausenden Teilen vor. Die Teile sind so vielfältig und passen scheinbar so gut zusammen, dass sie erst mal gar nicht als zusammengeschustertes Puzzle auffallen. Hinter allem steckt die elementare Botschaft, dass Dünnsein gut und Dicksein schlecht ist. Mir selbst fiel es jahrelang nicht auf, dass die Teile gar nicht zusammenpassten. Dass ich ihre Ecken und Kanten knicken und sie zuweilen mit der Schere stutzen musste, um sie passend zu machen.

Die letzten drei Jahre habe ich in die Dekonstruktion dieses Puzzles investiert. Das ist natürlich sehr kurz im Vergleich zu den vielen Jahren, in denen ich den Versprechungen und Leitsätzen der Diet Culture arglos glaubte. So ist es ernüchternd, aber verständlich, dass meine Körperwahrnehmung bis heute von diesen krankmachenden Überzeugungen und Unwahrheiten beeinflusst ist. Es ist nicht einfach, diese Einflüsse aus meiner Selbstbetrachtung herauszulösen und mich nicht mit solchen Augen zu betrachten.

In der Diätkultur sind wir uns alle einig: Dicksein ist das, was wir nicht sein wollen. Und wenn Einzelne schon dick sein müssen, dann sollten sie sich wenigstens zusammenreißen und ultrahart daran arbeiten, nicht dick zu bleiben. Die konstante Auseinandersetzung mit dem Abnehmen wird zur Lebensaufgabe.

Besonders erschwert wird das, weil «schlank» zwar als Ideal gilt, aber keiner weiß, was das eigentlich heißt. Wann ist eine Person denn «schlank»? Egal wie wenig ich wog oder wie eng das Maßband saß, ich fühlte mich immer dick. Mehr noch, diese Unbestimmtheit ist notwendig. In der Diätkultur ist es superwichtig, dass wir nie fertig damit sind, uns «verbessern» zu wollen. So ist es nicht weiter verwunderlich, dass die meisten Bauchweghosen und formende Unterwäsche, die Körper in Richtung Ideal quetschen sollen, in den Konfektionsgrößen 36 und 38 verkauft werden. Es reicht eben nicht aus, wie schmal ein Körper bereits ist. Weniger geht immer.

Noch absurder ist es, dass es medizinische Tabellen gibt, in denen eine limitierte Anzahl von Zahlen die richtige Körperform für jeden Menschen festlegt. Die aber die Vielfältigkeit von Formen gar nicht widerspiegelt. Gut veranschaulichen lässt sich dieses einengende Prinzip an Kleidergrößen bei Kindern – anhand der Größe wird da die Körperform bestimmt. Als ob alle 116 Zentimeter großen Kinder exakt den gleichen Körper hätten.

Wie absurd dieses Konstrukt ist, erkennen wir daran, dass das, was «dick» und was «dünn» ist, sich am laufenden Band ändert. Wir tun so, als wären das absolute Markierungen und jedem klar, wo die Grenze ist, dabei ist das völlig unklar. SchwarzRund sagt es so schön in ihrem Interview weiter hinten im Buch: «Dicksein ist ein Konstrukt – was an dem einen dick ist, ist an dem anderen richtig.»

Deswegen verwende ich, wie viele andere Fettaktivist:innen, gern die Formulierung «als schlank/dick gelesen werden», um darauf aufmerksam zu machen, dass es kein absoluter Wert, sondern eine Zuschreibung ist.

Die Idee, was Schlanksein sein soll und wie es bewertet wird, veränderte sich im Laufe der Zeit, mehrmals und abhängig vom Ort und Kontext. Bis heute gibt es dazu keinen Konsens, auch wenn wir häufig so tun. Die allbekannten Rubensfrauen können nicht ohne weiteres als Beweis dafür herhalten, dass «früher» dick_fette Figuren in Mode waren, aber sie zeigen, wie sehr sich die Idee davon, was schön ist, ändern kann. In ihrer #BlackFatBellyLove-Ringvorlesung forderte Christelle Nkwendja-Ngnoubamdjum uns auf, «schöne Frau» zu googeln und die Bilder kritisch anzuschauen: Alle Frauen sind weiß, sehr schlank, jung und makellos. Diese starke Limitierung unseres Schönheitsideals ist von Rassismus und Kolonialismus geprägt, und sie schließt alle Körper, die nicht weiß sind, nicht jung, nicht «schlank» und nicht «makellos» sind, aus. Aber warum muss das so sein?

Sabrina Strings studiert die historischen Hintergründe von Fettphobie und Schlankheitsfetisch in ihrem hervorragenden Buch *Fearing the Black body – The Racial Origins of Fat Phobia* von 2019. Sie deckt auf, dass zwei Entwicklungen zu unserer heutigen Ablehnung von Dicksein führten: der transatlantische Sklavenhandel sowie der erstarkende Protestantismus. Auch davor gibt es natürlich Hinweise auf die Ablehnung von Fettheit, aber erst mit diesem Unterbau kann daraus eine allumfassende, diskriminierende Kultur, eine Diätkultur werden. Rassistische Theorien wurden – oft von Europäer:innen – erfunden, um den für sie profitablen Sklavenhandel zu rechtfertigen. Schwarze Menschen werden darin zu minderwertigen Menschen erklärt, weswegen ihre Ausbeutung unproblematisch ist. Auf vielen Seiten wurde diese gewaltvolle Idee anhand pseudowissenschaftlicher Methoden detailliert argumentiert. Ein Aspekt davon war, Fettsein mit «gierigen», «wilden» «Afrikaner:innen» zu verbinden. (Es steht alles in Anführungszeichen, weil jedes Wort und deren Verbindung natürlich Quatsch sind.) Auf der anderen Seite schlägt der Protestantismus zunehmend vor, dass übermäßiges Essen sündhaft ist.

Europäische Eliten und weiße Amerikaner:innen beginnen, Fettphobie zu nutzen, um sich moralisch überlegen zu fühlen und sich von den vermeintlich zügellosen und deswegen fetten «Anderen» abzusetzen. Gerade in den USA verbanden sich diese Ideen im frühen 19. Jahrhundert, und daraus erwuchs – ganz kurz gesagt – unsere heutige Diätkultur.

Im frühen zwanzigsten Jahrhundert kommt dann, so Strings, die Überbewertung des «schlanken Ideals» hinzu, das gerade für weiße Frauen relevant wird. Diese holen sich ihre Abnehmtipps gern aus dem viktorianischen England, um damit ihre religiöse Erleuchtung und rassistische Aufwertung zu demonstrieren. Erst jetzt beginnt die Medizin, sich gegen Fettheit zu engagieren. Die kalifornische Ärztin Lulu Hunt Peters veröffentlicht 1918 den ersten Diät-Bestseller *Diet and Health: With Key to the Calories* und schreibt das Buch, als wäre es selbstverständlich, dass alle Frauen Gewicht verlieren wollen. Denn wer dick ist, ist unmoralisch, hat keine Selbstkontrolle, ist gar unpatriotisch, und das ist inakzeptabel, so Hunt Peters. Als potentes Mittel schlägt sie als Erste das Zählen von Kalorien vor.

Sabrina Strings fasst es so zusammen: Fettphobie und die Angst vor der imaginierten «fetten Schwarzen Frau» basieren auf rassistischen und religiösen Ideen und sind nicht nur entstanden, um Schwarze Frauen zu degradieren, sondern auch, um weiße Frauen zu disziplinieren. Ihr Buch geht in die Tiefe dieser spannenden Geschichte, die so anders ist, als ich sie mir vorgestellt habe.

Wenn du meinem Teenager-Ich die Frage gestellt hättest, was es denn unter Schlanksein versteht, hätte es mit Sicherheit jede Menge Ausschnitte aus Zeitschriften geholt und dir Bilder von Meg Ryan (*Schlaflos in Seattle*), Winona Ryder (*Reality Bites*) und Chloe Sevigny (*Kids*) gezeigt. In meinem Tagebuch von 1992 klebt ein Foto, das Kate Moss mit knochigem Brustkorb, weißem Tanktop, Zigarette und verruchtem Blick zeigt. Darüber schrieb ich mit einem fuchsiafarbenen Glitzerfilzstift «Kate» und ein Herzchen. Zu diesem Zeitpunkt war sie 17, ich 15 Jahre alt. Wir waren beide Teenager. Ich magersüchtig in meinem Dorf, sie auf dem Weg zum gefeierten Size-Zero-Topmodel. Der Taillenumfang von Size Zero entspricht übrigens dem durchschnittlichen Umfang eines 8-jährigen Mädchens.

Meine Idee von Dünnsein ist von den 90er Jahren geprägt, in denen schmale Hüften, kleine Brüste und flache Bäuche im Vordergrund standen. Groß geworden bin ich mit dem Ideal der 80er, geprägt von Jane Fondas Aerobic Body und dem «gesunden» Look von Supermodels wie Cindy Crawford. Als deren Tochter Kaia Gerber 2017 das erste Mal auf den Laufsteg trat, war ihr Körper viel schmaler als der ihrer berühmten Mutter damals.

Dass dieses Ideal sich schon innerhalb von Jahrzehnten ändern kann, ist deprimierend. Wer soll da mitkommen? Wer sich in den 90ern Richtung «Heroin Chic» hungerte, wäre jetzt, da runde Pos auf einmal «angesagt» sind, richtig schlecht dran.

Es gibt einen großen Motivator, uns immer wieder glauben zu lassen, dass die Arbeit an unserem Körper nie beendet ist, weil es immer etwas zu verbessern gibt: Geld.

Die Diätindustrie macht in Europa geschätzt 100 Milliarden Euro Umsatz pro Jahr. Den macht sie, weil wir überzeugt sind, dass wir fehlerhaft sind. Das Schönheitsideal soll dabei möglichst unerreichbar sein, denn das konstante Empfinden von vermeintlichen Makeln ergibt einen konstanten Bedarf nach helfenden Produkten. Wir *brauchen* den Detox-Shake, die Fit-Watch, die Kalorienzähl-App, die Kettlebells, den Proteinriegel und den Waist Trainer...

Eine der absurdesten Blüten dieser Geldmacherei wird in den letzten Jahren auf Instagram vermarktet: sogenannte «Skinny Teas» oder «Fit Teas». Richtig dünne, junge und schöne Frauen halten grinsend Teetassen in die Kamera. Wichtig ist, dass man dabei immer ihre trainierte Figur sieht, deswegen tragen sie meistens bauchfreie Sportbekleidung. Die Message ist klar: Dieses hotte Girl ist so hot, weil sie laufend diesen Tee trinkt. Willst du hot sein? Dann kauf den Tee, jetzt! Solche Werbung erscheint auf den Kanälen der größten und reichsten Social-Media-Stars. Wenn ich mir überlege, was die Teehersteller Kylie Jenner zahlen, damit sie eine Packung Tee in die Kamera hält, kriege ich eine vage Idee davon, wie viel Geld diese Firmen umsetzen.

Und funktionieren sie? Na ja. Die meisten dieser Tees beinhalten Blätter der Sennapflanze, die abführend wirken und bei Verstopfung empfohlen werden. Was passiert also, wenn ich viel von diesen Tees trinke? Die Darmleerung beschleunigt sich, kurz: Ich bekomme Durchfall, verliere dieses Gewicht und jede Menge Wasser (um Dehydration vorzubeugen, trinke ich mehr... Tee). Wer so eine Teekur – und diese Tees werden in der Regel immer als Kur verkauft – länger als zwei Wochen macht, riskiert dazu Leber- und Herzprobleme. Das ist weder nachhaltig noch gesund. Nicht nur Wasser geht verloren, sondern auch Vitamine und Spurenelemente, die im durchgespülten Darm eigentlich resorbiert werden. Und je länger du den Tee verwendest, desto abhängiger wird dein Darm von der Stimulanz, irgendwann verstopft er dann ohne Tee. Aber wer liest das Kleingedruckte, wenn ein Produkt den Lifestyle der Jenners in einer Tasse Tee verkauft? Das Versprechen, mit einem flachen Bauch endlich genauso cool und problembefreit wie sie durchs Leben zu laufen, ist so verlockend, das wir anhaltenden Durchfall dafür in Kauf nehmen.

Der Jo-Jo-Effekt ist dabei gewollt – wenn du dank dieser Produkte Gewicht verlierst, ist das für dich ein Zeichen, dass sie funktionieren. Wenn die Diät vorbei ist, kommt das Gewicht zurück, denn wenn du deinem Körper einige Zeit Nahrung vorenthalten hast, wird er sie danach wieder einfordern und einlagern. Von den Gefühlen der Schuld und Scham darüber, dass du es nicht hinbekommen hast, profitiert wieder die Diätindustrie, weil sie dir einen neuen, total überzeugenden Vorschlag machen kann. Sie erzählen uns, dass die Diät nicht das Problem ist, sondern die Lösung.

Dabei geht es nicht nur um die Hersteller von Diättees und Weight-Loss-Apps. Von diesem Muster profitieren die Kosmetikindustrie, die Abnehmindustrie, die Modeindustrie, die Wellnessindustrie, die Healthfood-Industrie, die Schönheitsoperationsindustrie, die Medien und die Werbung. All jene, die dich immer wieder überzeugen wollen, dass dein Körper nicht richtig ist, verdienen mit deinem niedrigen Selbstbewusstsein Geld. Richtig viel Geld. Wir denken, wir sind unglücklich, weil wir nicht gut aussehen. Aber in Wahrheit ist gar nicht gewollt, dass wir rundum glücklich sind. Sonst würden wir ja nicht mehr so viel Geld für Dinge ausgeben, die uns angeblich glücklich machen.

In den letzten Jahren gingen die Umsätze der Abnehmindustrie zurück, als Konsequenz davon erfinden sich die größten Player neu: *Weight Watchers* wird zu *WW*, die *Brigitte Diät* heißt jetzt *Brigitte Balance* (weil sie neben Ernährung und

Bewegung auch Meditation beinhaltet) und «FDH» Intervall-fasten. Alter Wein in neuen Schläuchen. Alle verdienen damit Geld, dass wir uns schlecht fühlen. Anders schlecht, aber auf jeden Fall schlecht.

Es gibt etliche Beispiele für den Erfindungsreichtum der Branche. Nehmen wir Cellulite, die harmlosen Wellen auf den Fettreserven, die jahrhundertelang in Ruhe gelassen wurden, bis die französische Kosmetikindustrie sie in den 1930ern als Einnahmequelle entdeckte und anfing, «Gegenmittel» zu ver-kaufen. Magazine waren schnell dabei, diesen neuen Makel zu propagieren. 1968 hieß es dann in der US-*Vogue*: «Cellulite, the new word for fat you couldn't lose before». Es gibt überhaupt keinen medizinischen oder sonstigen Grund, gegen sogenannte «Orangenhaut» vorzugehen. Außerdem ist es ziemlich erfolg-los, die wenigsten Behandlungen haben den versprochenen Effekt. Aber dennoch: 2015 wurden fast eine Million Tiegel Anti-Cellulite-Creme in Frankreich verkauft. Und einige wer-den nun denken, das weiß ich doch längst, trotzdem mag ich meine Cellulite nicht leiden und kaufe mir jeden Monat teure Cremes gegen meine dunklen Augenringe, weil ich mich dann einfach besser fühle. Aber wie sehr geht es da wirklich um dich? Was wir gemeinhin als schön empfinden, wurde jahrzehnte-lang in unsere Gehirne gepresst. Ist es wirklich Zufall, dass wir alle einen schlanken Körper, haarfreie Beine, ein faltenfreies Gesicht und einen fettfreien Körper wollen sollen?

Die Diätkultur zeigt sich in vielen Aspekten unseres Lebens. Wie wichtig es ist, schön zu sein, wird kleinen Kindern, beson-ders Mädchen, früh eingetrichtert. Schneewittchens Stiefmut-ter befragt ihren Zauberspiegel, wer die Schönste im ganzen Land ist (und will ihre Tochter ermorden, weil «der Spiegel» diese krönt – talk about female competition ...). Justus von den

Drei Fragezeichen wird in wirklich jedem Band als «Dickerchen» aufgezogen. *Barbies* und *Bratz Dolls* wären mit ihren überlangen Beinen und superschmalen Taillen als «echte Menschen» nicht überlebensfähig. Auf der Leinwand begegnet uns die «Dicke» als verzweifelt Schokolade essende Singlefrau (*Bridget Jones*), schreiend lustige Ulknudel (Melissa McCarthys Rolle in *Bridesmaids*) oder als tragische Figur, die sich ihr Gewicht aus Kummer angefressen hat (Chrissy Metz' Rolle in *This is Us*).

Während Köche gern ihren runden Bauch präsentieren, fällt mir keine Fernsehköchin ein, die dasselbe tun würde. Oder eine Werbung, in der ein dick_fetter Körper nicht Zielscheibe des Spottes ist. Wieso gab es so einen Aufschrei, als die belgische Gesundheitsministerin Maggie De Block ihr Amt antrat? Warum bekommen Schauspieler Oscars für radikale Abnahme (oder Zunahme, aber nur wenn das Gewicht bis zum roten Teppich auf jeden Fall wieder weg ist)? Und wieso gibt es nicht ganz selbstverständlich überall Sitzgelegenheiten auf denen auch große Körper eingeladen sind, Platz zu nehmen? Wieso werden dick_fette Menschen wie Aussätzige behandelt, wenn sie ein Flugzeug betreten? Warum können Comedians einfach Witze über dick_fette Menschen machen, und alle lachen mit?

Diätkultur ist allgegenwärtig und berührt alle Bereiche unseres Lebens. Sie in ihrer Gesamtheit zu beschreiben, ist schwierig, weil sie so komplex, diffus und oft widersprüchlich ist. Das macht es so schwer, ihr beizukommen. Aber es lohnt sich, es zu versuchen!

Welche Rolle spielt die Mode?

> Es gab einen Plus-
> Size-Laden mit einem
> vielseitigen Angebot
> von zeltartigen
> Ponchos für Dicke
> bis hin zu zeltartigen
> Ponchos für Dicke –
> mit Quasten.
>
> **Sofie Hagen**

V or einem Jahr wollte ich im Winter in den Norden Islands reisen und brauchte dafür zwingend eine Schneehose. Dabei sollte es sich aber nicht nur um reine Funktionskleidung handeln, sondern sie sollte nach was aussehen. Ich stellte mir eine Hose vor, die etwas hermacht, in einer richtig guten Farbe, vielleicht aus Schweden? Außerdem sollte sie mir natürlich gut passen, denn ich würde sie wahrscheinlich jeden Tag tragen. Aus einem Grund, der mir heute nicht mehr einfällt, glaubte ich, dies sei ein Fall für eine professionelle Beratung in einem Fachgeschäft, und begab ich mich auf den Weg in die an Geschäften nicht arme Hamburger Innenstadt. Die Auswahl an ansprechenden Ski- und Schneehosen in knalligen Farben und Mustern war großartig, nur leider gab es die nur bis Größe 44 bzw. XL, und die passten mir nicht. Nicht mal die hässlichen. Nach mehreren erfolglosen Umkleidekabinen-Runden in einem ziemlich angesagten Wintersport-Fachgeschäft riet mir der junge Verkäufer aus der Snowboard-Abteilung, «es doch mal bei den Männern zu versuchen». Dort konnte ich mich nicht einmal auf die in der Umkleidekabine installierte Sitzgelegenheit im Sessellift-Look setzen, denn die Sitzfläche ging mir fast bis zur Brust, ich kam einfach nicht hoch. Genauso unpassend waren die Hosen, die ausnahmslos zu lang, dafür aber an Schenkeln und Po zu eng waren. Frustriert schlich ich mich aus dem Laden. Von meiner anfänglichen Vision, ein knallbunter Punkt im weißen, isländischen Schnee zu sein, war nach weiteren erfolglosen Besuchen in drei Läden kaum etwas übrig. Ich schwitzte unter meinem dicken Wollmantel, um mich herum Hunderte Läden, und konnte nicht umhin, mich zu fragen, was das jetzt heißt, dass es keine Hose für mich gab? Vielleicht gehörten Menschen mit einem Körper wie meinem gar nicht in den Schnee? Vielleicht sollten dick_fette Menschen keine wattierten Funktionsstoffe tragen?

Als letzte Möglichkeit hoffte ich auf eine besonders breite Auswahl in einem großen, aber langweiligen Sportwarengeschäft. Dort wurde ich von der Verkäuferin direkt in die Sondergrößenabteilung im vierten Stock geschickt.

Die Brutalität des restriktiven Größensystems traf mich in jenem Moment mit voller Wucht. Oft hatte ich vorher gehört, dass ich bestimmte Dinge wegen meiner Figur nicht tragen «sollte», aber es war das erste Mal, dass es für mich im «Standardsortiment» nichts gab und ich zu den «Übergrößen» sollte. Bis dahin kam ich irgendwie durch, kaufte dann eben die Kimonos oder eine Jeans mit viel Stretchanteil. Klar war ich traurig, als ich bei meiner Lieblingsdesignerin aus Kopenhagen keine Kleider mehr bestellen konnte, weil mir ihre größte Größe zu klein war. Aber dass ich jetzt auch bei den Schneehosen ein Sonderfall war, ernüchterte mich.

Ich fühlte mich, als würde ich der Fashionwelt, die mir so viel Spaß machte, verwiesen werden. Auf einmal ging es nicht mehr um kreativen Ausdruck, sondern «Bekleidung». Für mich, die gerne die Labels und Designs, die gerade angesagt sind, tragen möchte, war das frustrierend. Mit dem, was ich trage, drücke ich meine Persönlichkeit, meine Stimmung aus. Das macht nicht jede:r so, aber ich liebe es. Ich kann mit Farben und Mustern experimentieren und je nach Lust und Laune mit Modestilen variieren. Würde einkaufen ab jetzt heißen, laufend Kompromisse einzugehen? Sollte ich mich mit langweiligen Kleidungsstücken, deren Farbauswahl sich entweder auf Schattierungen zwischen Navy und Dunkelgrün oder Anthrazit und Schwarz beschränkt und schnitttechnisch eher Zelte zum Vorbild haben, zufriedengeben? Und was sollte ich im isländischen Winter schließlich ohne Schneehose machen?

Entnervt nahm ich die vier Rolltreppen nach oben. In der hintersten Ecke des Geschäfts fand ich drei Kleiderständer, lieblos zusammengeschoben, darauf hingen gefütterte Schneehosen in Dunkelblau, Grau und Schwarz. Selbst die Bügel waren zu klein für die Hosen, zu beiden Seiten ragte der gefütterte Stoff über die Clips hinaus. Das war sie also, Funktionskleidung in Reinform. Mehr, als die Funktion einer Schneehose zu erfüllen, tat sie nicht. Die Macher:innen dieser Teile verschwendeten wahrscheinlich keinen Gedanken daran, ob die Träger:innen irgendetwas anderes wollten, als vor Schnee und Kälte geschützt zu werden. Sollte ich mich jetzt etwa freuen, dass hier endlich zusammengenähter Stoff hing, der mir zumindest passte? Oder war das eher ein «Fuck you and your dreams»?

Ich habe keine dieser trostlosen Sondergrößenhosen gekauft. Ich sah da nicht einfach Hosen in meiner Größe hängen, sondern die produktgewordene Aufforderung, mich mit meiner Konfektionsgröße besser bedeckt zu halten. Ein sinnbildliches

Nee! an mein Bedürfnis nach hochwertiger und farbenfroher, also einfach phantastischer Garderobe.

In Island probierte ich es dann noch ein paar Mal erfolglos in ein paar Läden, immer frustrierter und beschämter, bis meine Freundin vorgehen musste, um zu fragen, ob es Hosen in meiner Größe gab. Ich hatte einfach keinen Nerv mehr auf das unangenehme Nein und die darauf folgenden Selbstzweifel. In einem kleinen Sportgeschäft ganz im Norden fand ich dann plötzlich jede Menge Hosen in allen Größen und in vielen verschiedenen Farben und Designs. Ich konnte es kaum glauben, aber dort hingen die «großen» und die «kleinen» nebeneinander! Mit gleich schönen Farben und Mustern! Endlich war ich wieder eine Kundin von vielen, kein Sonderfall. Am Ende lagen so viele, gutsitzende Schneehosen in der Umkleidekabine, dass ich gar nicht wusste, welche ich nehmen sollte! Ich entschied mich für eine in der Farbe Salbei, sie ist winddicht, hat breite Hosenträger und sieht nach Abenteuer im Schnee aus. Ich habe mich jeden Tag gefreut, sie anzuziehen.

Wenn man so lange in der Mode arbeitet wie ich, verschiebt sich die Vorstellung davon, was «normal» sein soll, unbemerkt, aber dafür gehörig. Ich habe viele Stunden in Redaktionskonferenzen verbracht, Themen diskutiert, Models gebucht, Kleider bestellt und Produkttexte geschrieben. Ich kann mich nicht daran erinnern, dass restriktive Größen oder Körpervielfalt je eine Rolle spielten. Dass Kleider «schöner» an «dünnen» Menschen aussehen, war eine unhinterfragte Grundfeste unserer Arbeit. In jedem Job herrschte außerdem ein großer Zeitdruck. Bei dem *People*-Magazin mussten wir zu dritt jede Woche zwölf Seiten mit Themen und Fotos füllen. Zeit für eine wirklich kreative oder innovative Auseinandersetzung blieb kaum – deswegen brachten wir jedes Frühjahr die Fotostrecke zu den «Neuen

Pastellfarben», jeden Sommer den «Safari-Chic» und zwei Monate später die «Erdigen Herbsttöne». Jedes Jahr. Unter dem gleichen Druck schrieb ich unzählige Male die sogenannten «Servicethemen», bei denen wir die Leser:innen beraten sollten. Darin erklärte ich, wer eine Birne und wer ein Apfel war, behauptete, dass Dreiviertelhosen nur jene mit «schlanken Fesseln» tragen dürften, dachte mir aus, was «Mogelmode für Mollige» oder «Schmeichellooks» sein sollten, und beantwortete ernsthaft die Frage «Welcher Schuh passt zu welcher Körperform?».

Rückblickend finde ich diese willkürlichen Regeln erschreckend. Ich habe bei der Normierung von Körpern und Körperteilen mitgemacht. Mode derart mit Vorschriften zu belegen, nimmt Menschen die Freude daran. Anstatt sich aus Lust und Laune anzuziehen, geben viele im Angesicht dieses Regeldickichts auf. Ich kenne Leute, die nie Querstreifen tragen würden, weil sie gelesen haben, dass die «dick» machen. Für *Brigitte* schrieb ich das auch so: «Trag lieber Längsstreifen, das streckt!» Was für ein Quatsch. Interessanterweise hatte ich während meinen Jobs in den Redaktionen selber wenig Spaß an Mode. Die vielen Erwartungen strengten mich an, ständig musste man genau dieses oder jenes Teil besitzen und zig sinnlose Fakten parat haben, um dem sehr genau definierten Bild einer Moderedakteurin zu entsprechen. Finanziell brachte mich das mehrmals an den Rand des Ruins, weil ich fand, ein Nettogehalt unbedingt für eine Designerhandtasche ausgeben zu müssen. Das klingt oberflächlich, aber so funktioniert die Modewelt: Man braucht gewisse Statussymbole, um ernst genommen zu werden. Wenn du ohne Chanel-Tasche bei einem Meeting auftauchst, geht jeder davon aus, dass du a: keine Ahnung und b: kein Geld hast.

Jede Woche reichte uns die Anzeigenabteilung eine Liste mit Marken, die unbedingt im redaktionellen Teil der Ausgabe stattfinden müssten – denn die hatten Werbung gebucht. Gerade Luxusmarken kaufen erst dann Anzeigenseiten, wenn ihre Produkte bereits mehrmals in ihrem Sinne – also möglichst großflächig und bloß nicht gemischt mit anderen Designern, besonders nicht günstigeren – vorgestellt wurden. Einmal verlor ich fast meinen Job, weil ich diese ungeschriebene Regel nicht beachtete. Diese Praxis ist überhaupt nichts Ungewöhnliches, es gibt kaum Magazine, die nicht so arbeiten. Teilweise senden die Anzeigenabteilungen den Herstellern Themenlisten, um die die ihre Anzeigen herum planen. Eklatant ist das in der Beauty; wenn ein Heft einen Artikel zum Thema «Cellulite» macht, steht nicht zufällig die Werbung für die «Anti-Cellulite»-Creme direkt daneben. Einmal erhielt ich für die Produktion einer «Boudoir Dessous»-Strecke eine Liste mit zwanzig Unterwäschelabels, die unbedingt auf den acht Seiten möglichst plakativ untergebracht werden mussten. Und zwar so, wie es die Labels gern sahen: an schönen, jungen, dünnen Modellen mit ansprechend großen Brüsten.

Der Standard in der Modeindustrie wird von der sogenannten «Sample Size» bestimmt, der Größe, in der die Musterteile ausgeliefert werden. Ausgehend von dieser kleinen Größe definiert sich, wie zugehörig man sich fühlen darf. Meine Idee davon, ob meine Figur okay war, speiste sich daraus: In meinen Augen war ich «dick», weil ich nicht in die Muster passte. Trotz dieses «Gefühls» hatte ich bis vor wenigen Jahren nie Probleme, modische Garderobe in meiner Konfektionsgröße zu finden. Meine Größe war in jedem Geschäft vorhanden, auch wenn ich mich schlecht fühlte, weil es oft «eine größere» war.

Kleidergrößen waren mir immer wichtig: Ich weiß auf Abruf

die Größe jedes wichtigen Kleids meines Lebens. Manche Lebensereignisse kann ich zeitlich anhand meiner damaligen Kleidergröße einordnen. Bei der Hochzeit einer Freundin trug ich zum Beispiel ein tomatenrotes Seidenkleid mit fliederfarbenen Details eines schwedischen Labels, das mir kurz darauf nicht mehr passte, deswegen weiß ich, dass das 2013 gewesen sein muss. Wie kurios das ist, fiel mir lange nicht auf. Als ob mein Hirn mein Leben in Kleidergrößenphasen einteilt, erinnere ich mich genau, wann ich «passte» und wann nicht.

Über das System und die Botschaften hinter dieser Aufteilung in «gute» und «schlechte» Kleidergrößen habe ich mir lange keine Gedanken gemacht. Ich akzeptierte diese Skala und übernahm sie für meine Selbstbewertung, also fokussierte ich mich darauf, selbst in möglichst kleine Größen zu passen. Als größte mögliche Größe 44 (XL) anzubieten, erschien mir adäquat. Ich hinterfragte nicht, warum die Kollektionen von vielen schwedischen, italienischen oder französischen Marken bei Größe 42 aufhörten. Wenn man in die modischen Teile angesagter Marken reinpassen will, muss man sich eben anstrengen.

Sollte man mit einem großen Körper überhaupt Interesse an modischer Kleidung haben? Oder sich nicht eher damit auseinandersetzen, wie man die Rollen am besten «kaschiert»? Das zumindest suggerieren viele «Übergrößenmarken» – «Mode für Mollige» soll «figurfreundlich» sein, raffiniert von Rundungen ablenken, Problemzonen überspielen und vorteilhafte Stellen (immer wieder: das Dekolleté) betonen. Aber für wen soll ich diesen Aufwand betreiben? Wieso stellt niemand in Frage, dass wir so in erster Linie vermittelt bekommen, dass sichtbares Fett eine unerträgliche Belästigung ist?

Die wenigsten Menschen in der Modeindustrie interessiert, wie dick_fette Menschen diesen Ausschluss wahrnehmen, weil

dick_fette Personen dort kaum vorkommen (außer als kurz-
fristiges Spektakel, wie zum Beispiel Beth Ditto). Die meisten
Designer:innen sind dünn, und selbst wenn sie es nicht sind,
entwerfen sie für die dünne Figur (und verlieren irgendwann
«spontan» doch ganz viel Gewicht, siehe Marc Jacobs oder die
Mulleavy-Geschwister). Mein Kolleg:innenkreis bestand viele
Jahre lang ausschließlich aus dünnen Menschen. Ich fühlte
mich auch deshalb «dick», weil die meisten von ihnen in der
Tat kleinere Körper hatten als ich. Das ist erstaunlich, weil nach
Angaben des Textilforschungszentrums *Hohenstein Institute*
die durchschnittliche Konfektionsgröße in Deutschland 42/44
bei Frauengrößen bzw. 54 bei Männergrößen ist, Tendenz stei-
gend.

«Sample Size» ist in erster Linie ein wirtschaftliches Konzept
in der High Fashion – es ist ein Modell, das Geld und Zeit spart.
Alle Musterteile, die auf den Laufstegen in Paris, Mailand, New
York und London an Models gezeigt werden, haben die gleiche,
kleine Größe. Diese Teile gehen dann an die Pressebüros, die
sie dann an Moderedaktionen für Fotoproduktionen verleihen.
Deswegen müssen alle Menschen, die darin vor Publikum laufen oder sie vor Kameras präsentieren, in die gleiche, kleine
Größe passen. Also rekrutieren die Modelagenturen nur solche,
die schmal genug sind. Es wäre zeitlich aufwendiger und teurer,
die Musterkollektion in verschiedenen Größen zu produzieren.
Warum die «Sample Size» so klein sein muss, wenn die Durch-
schnittsgröße der Bevölkerung schon längst mehrere Stufen
darüberliegt, erklärt sich so allerdings nicht. Das hat eher was
damit zu tun, dass gerade viele männliche Modemacher einen
regelrechten Fetisch für sehr junge, sehr schmale Körper haben,
an denen das Kleid hängt wie am Bügel. Kirstie Clements
bescheinigt Designern, Fotografen und Casting-Direktoren in

ihrem Buch *The Vogue Factor* eine Präferenz für fohlenhafte Mädchen, gebaut wie «prepubertäre Jungskörper». Die vielen Frauen in der Modewelt setzen dieses Muster fort, ohne es zu kritisieren. Leider findet auch Clements, dass Kleider an «dünnen» Körpern nun mal «einfach besser aussehen».

Ich erinnere mich an Mode-Produktionen mit Models, die so jung waren, dass ihre Eltern am Set dabei sein mussten. Diese Schüler:innen steckten wir dann in riesige, unglaublich teure Kleider. Für Haute-Couture-Shoots mussten wir oft Modelle aus Paris einfliegen lassen, weil die lokalen Agenturen niemanden vertraten, der in die winzigen Entwürfe passte. Nicht nur einmal schickte ich ein Model wieder nach Hause, weil es nicht in die Klamotten passte, und rief dann die Agent:in an, damit sie uns sofort ein anderes, kleineres schickte. Oft musste ich die kleinen Kleider auch zusammenstecken, damit sie an die noch kleineren Mädchen passten.

Der sehr dünne, sehr junge Körper ist aus der Fashionwelt nicht wegzudenken. Obwohl die meisten Labels durchaus vier oder fünf verschiedene Größen produzieren, sehen wir auf Laufstegen, in Kampagnenfotos und im Schaufenster nur eine, die kleinste. Der jugendliche, schlanke Körper ist neben einem gutgefüllten Geldbeutel die Eintrittskarte in die Welt der Designermode.

Als vor ein paar Jahren der «Size Zero»-Trend übernahm, passten sich die Hersteller an, indem der ohnehin schon sehr kleinen Größe XS weitere Kleinstgrößen hinzugefügt wurden. Marketingstudien ergaben, dass die Kaufwahrscheinlichkeit steigt, je «kleiner» die passende Größe ist, also wurden diese ebenfalls nach unten angepasst – das nennt man «Vanity Sizing» oder Schmeichelgrößen. Oft entspricht S also eher einer Konfektionsgröße 38, XS einer 36, XXS einer 34 und XXXS der kleinsten Erwachsenengröße 32 («Size Zero»). Dass das die Absatzzahlen steigert, finde ich wenig überraschend. Die Kleidergröße als Gradmesser für Schönheit und Zugehörigkeit zu verwenden, ist mir wohlbekannt. Deswegen habe ich früher den Zettel mit der Größenangabe aus Kleidern geschnitten, besonders bei Mänteln. Es sollte bloß keiner sehen, welche große Größe ich trage!

Viel schwerer tut sich die Modewelt damit, die Größen in die andere Richtung zu erweitern. Der Standard in den Geschäften der Fußgängerzone oder Shoppingmall hört bei 44 auf. Nach einer Konfektionsgröße 48 oder gar 58 sucht man oft vergebens. Macht ein Anbieter es doch, werden sie in extra Abteilungen verbannt, denen dann Namen wie «plus» oder «curve» gegeben werden. Meine Lieblingsdesignerin aus Kopenhagen erweiterte ihre Größen kürzlich um XXS, das entspricht bei ihr allerdings der Konfektionsgröße 32, vergleichbar mit der Standardgröße für achtjährige Kinder. In die andere Richtung geht es bis zu XL, das ist bei ihr nur eine 42. Da passe ich nicht mehr rein. Aber wieso auch? In der Diätkultur gehen wir ohnehin davon aus, dass jeder dick_fette Mensch versucht, zu einem schlanken Mensch zu werden. Wieso sollten Modehersteller dann die unerwünschte und temporäre Figurform bedienen?

Der Grund, warum es diese Größen überhaupt gibt, steckt schon im Namen: Konfektion. In der Textiltechnik heißt das, etwas serienmäßig herstellen zu können. Um Kleider massenhaft und damit kostengünstiger – und eben nicht nach einem individuellen Maß – anfertigen zu können, müssen die Größen standardisiert werden. Die Inspiration dafür kam aus dem Militär, das System verbreitete sich mit dem Beginn der Kaufhäuser, in denen erstmals fertige Waren ohne Kaufabsicht anprobiert werden durften. Das heißt aber nicht, dass Konfektionsgrößen heute deutschlandweit standardisiert wären, mitnichten! Die Größe 48 bei der einen Marke kann auf anderen Maßen basieren als bei der anderen. Die Zeitschrift *Ökotest* recherchierte, dass es zwischen den Marken innerhalb einer Größe schon mal bis zu 20 Zentimeter Unterschied im Umfang gibt. Oft bestimmt die Zielgruppe das Schnittdesign – eine Marke, die sehr junge Kund:innen anvisiert, schneidert in der Regel schmaler als eine mit der Zielgruppe 50 Jahre und drüber. Ein Label, das lieber XXS als XXL hinzufügt, lässt mich so wissen, dass ich (obwohl ich mittlerweile das Geld dazu habe) nicht zu ihren präferierten Käufer:innen gehöre.

Die US-amerikanische Bloggerin Katie Sturino war es ebenfalls leid, nicht einmal in einer Metropole wie New York City in vielen Modeläden Kleidung in ihrer Größe zu finden. Frustriert begann sie im Herbst 2018, Fotos von sich in den größten angebotenen Größen bekannter Marken zu posten und mit dem Aufruf #makemysize zu verbinden. Sie zeigt sich in Wickelkleidern, die nicht um die Taille reichen, Hosenbeinen, die nur bis zum Knie gehen, offen stehenden Reißverschlüssen und Knopfleisten. Mit diesen Fotos traf sie einen Nerv, weil sie auf den ersten Blick irgendwie dreist wirkten, aber die Erfahrung für viele so nachvollziehbar war. Viele Modebegeisterte ab Konfektionsgröße 44 kennen die Frustration, von den meisten Designer:innen gar nicht als Zielgruppe berücksichtigt zu werden. Während ich mich häufig «zu groß» fühlte, brachte Sturino es auf den Punkt: Die Kleider sind zu klein! Wieso muss ich mich an ein limitiertes Körperbild anpassen, wenn die Designer:innen doch mir etwas verkaufen wollen?

Wenn ich gefragt werde, wo ich meine besonderen Kleider finde, habe ich leider keine einfache Antwort. Ich investiere richtig viel Zeit in die Recherche, klicke mich mit großer Begeisterung durch Instagram-Accounts, durchforste akribisch renommierte Online-Shops auf der Suche nach neuen Designer:innen, bestelle Ohrringe in Australien, Flatterkleider in Spanien und seidene Wickelblusen in New York. Ich mag diese Suche und genieße den Aufwand, schließlich habe ich auf diese Weise oft Kleider, die bei uns kaum jemand trägt. Aber natürlich hätte ich es manchmal gerne einfacher, und nicht jede:r hat die Zeit und Muße, sich stundenlang mit der eigenen Garderobe zu befassen. Dazu kommt, dass die meisten meiner Kleider eine Menge Geld kosten. Mittlerweile kann ich mir das leisten, und es hilft, dass es mir nichts ausmacht, auf Veranstaltungen mehrmals das gleiche Outfit zu tragen. Natürlich nicht! Dass wir immer Neues haben müssen, ist eine Lüge, die uns der Kapitalismus gern via Modemagazinen vermittelt, damit wir weiter und weiter shoppen.

Aber Kleider, die mir gut passen und gefallen, geben mir ein unvergleichliches Gefühl und extra viel Selbstvertrauen – warum sollte ich diese dann nicht so oft wie möglich anziehen?

Wie mache ich Sport?

An welchem Punkt
würdest du endlich
sagen: «Ich habe
genug davon, meinen
Körper zu hassen.»
Jessamyn Stanley

Ich kann mich an keinen Zeitpunkt in meiner Kindheit oder Pubertät erinnern, an dem Sport und Spaß irgendetwas miteinander zu tun hatten. Sport war ein notwendiges Übel.

Weiß ja jeder: Wer Sport macht, ist gesund. Und gesund wollen wir alle sein. Mein Problem: Ich war nie «sportlich». Zumindest nicht so sportlich, wie es die Leistungskurve von Herrn Weßbecher, meinem Sportlehrer in der Realschule, vorsah. Mannschaftssportarten machten mir Angst, und leichtathletisches Ballwerfen oder Weitspringen konnte ich gleich gar nicht.

Der schauerlichste Tiefpunkt eines jedes Schulsportjahres waren die Bundesjugendspiele. Vor diesem Leichtathletikwettkampf gab es kein Entrinnen, und bei uns fand dieser hochpeinliche Wettbewerb außerdem vor Publikum statt. Die Blamage vor der kompletten Schule war dann das Tüpfelchen auf dem i.

«Ohne Fleiß kein Preis», ermahnte uns Herr Weßbecher, stets bewaffnet mit Stoppuhr, Maßband und Trillerpfeife, während wir uns keuchend in der brütenden Sommersonne abmühten.

In der Hand hielt er das Papier mit der Leistungskurve, die

den Kindern vorschrieb, wie hoch, schnell und weit sie sein sollten. Weil ich spät eingeschult wurde, gehörte ich zu den Ältesten der Klasse, und Herr Weßbechers Kurve schloss daraus, dass ich dementsprechend mehr leisten müsse. Ich fand das unfair. Egal mit wie viel Kraft ich den Wurfball in die Luft schleuderte oder wie schnell ich über die staubige Aschenbahn rannte, meine Ergebnisse blieben weit hinter denen der Kurve. «Du musst dich richtig anstrengen!», rief Herr Weßbecher. Hab ich doch. Diese Defizite empfand ich als Demütigung, und die daraus resultierenden schlechten Noten bewiesen mir, dass mein Körper und Sport nicht zusammengingen. Egal was ich versuchte, meine Muskeln leisteten einfach nicht das, was sie sollten. Um Leichtathletikplätze mache ich heute einen großen Bogen.

Ein paar Jahre später saß ich dann im Büro von Mr. Thompson, dem Sportlehrer der US-amerikanischen Highschool, an der ich soeben mein Austauschjahr begonnen hatte. Ich hatte die letzten zwei Jahre damit verbracht, mich unerbittlich dünn zu hungern. Aber «fit» war ich nicht. So saß ich da, magersüchtig und eingeschüchtert, in Erwartung einer niederschmetternden Sport-Prognose. Der ganze Raum stand voll mit kleinen und riesigen Pokalen, dazwischen hingen gerahmte Fotos und Fahnen, selbst sein Schreibtisch war voll mit Urkunden und Zetteln. Dahinter saß der drahtige Lehrer, gekleidet im lässigen Trainingsanzug in den Farben der Highschool, und erzählte mir irgendwas von deutschen Fußballspielern, von denen ich keine Ahnung hatte. «What sports do you like to do?», fragte er mich. Oh weh, meine Wangen fingen an zu glühen. Der Unterricht hatte nicht mal begonnen, und ich sollte von meinen mangelnden Fähigkeiten berichten?

Ich stammelte, dass ich weder im «outside running» noch

im «ball throwing» besonders gut wäre, das englische Wort für Leichtathletik fiel mir natürlich nicht ein.

«I see», sagte Lehrer Thompson. «I didn't ask you what you are good at, but what you like to do!»

Welchen Sport ich gerne machte? Aber was hatte das mit Schulsport zu tun? Ich war felsenfest überzeugt, absolut unsportlich zu sein und deswegen sowieso in allem zu versagen. Weshalb sollte es also von Bedeutung sein, an was ich Freude hatte?

«You like to dance? Tennis? Volleyball? Swimming? What about the cheerleading team?» Ernsthaft? Ich war völlig überfordert damit, selbst zu entscheiden, welchen Sport ich machen wollte. Ich sollte aus einem großen Angebot, darunter sogar Bowling und Golf, meine Kurse wählen?! Ich habe eine Weile gebraucht, um zu begreifen, dass der Schulsport an der Highschool so ganz anders war als an meiner deutschen Realschule. Mehr noch, ich war schockiert: Ich musste keine Leichtathletik machen, wenn ich nicht wollte! Ich würde Noten für etwas bekommen, was bei uns nur Hobbys waren.

Spontan wählte ich Tanzen und Turnen und nahm wenige Tage später an den Tryouts für das Cheerleading-Team teil – und wurde zu meiner völligen Überraschung aufgenommen! Herrn Weßbecher hatte es nie begeistert, aber hier punktete ich damit: Ohne viel Zutun konnte ich schon immer ziemlich einwandfrei Spagat.

In meiner Cheerleader-Uniform – einem blau-gelben Faltenrock mit blau-weißem Top und blauen und gelben Pompoms – fühlte ich mich wie in einem der vielen typischen Highschool-Movies. Wenn die Schulmannschaft ein Spiel hatte, trugen wir das Outfit natürlich den ganzen Tag, und ja, dazu hatten wir Haarschleifen in den Schulfarben. «School Spirit» nannte sich das. An meiner Neckartenzlinger Realschule gab es keine Schulteams, keine Schulfarben, kein Merchandise mit aufgedrucktem Emblem, und erst recht keinen «Spirit».

Das Training im Cheerleader-Team befeuerte mein Selbstbewusstsein, ich habe sogar oft vor oder nach dem Unterricht freiwillig Tänze und Formationen geübt, weil es mir so einen Spaß machte. Mr. Thompson hat mich übrigens Melody genannt. Vielleicht, weil meine beste Freundin dort Harmony hieß: Melody and Harmony.

Ich würde jetzt gern schreiben, dass diese Zeit in den USA mein Verhältnis zu Sport nachhaltig verbessert hätte. Ende gut, alles gut? Nein, leider nicht. Sport blieb für mich ein Werkzeug, um meinen Körper zu formen. Genauso wie ich es in meinen Diät- und Fitnessbüchern gelernt hatte. «Bewegung – Ihr Joker beim Abnehmen» steht im *Brigitte Ideal-Diät*-Buch von 2003: «Bewegung steht für Genuss! Denn wer sich regelmäßig bewegt, kann auch mal ein Stück Sahnetorte genießen – ohne sich fragen zu müssen, ob das jetzt wohl dick macht.» Sport ist eine Hilfe im Kampf gegen die Völlerei und das Gewicht.

Egal wie viel ich lief oder Yoga machte, sportlich fand ich mich nie. Auch deshalb nicht, weil ich fand, dass ich dafür nie die richtige Figur hatte. Nur wirklich schlanke Körper waren in meinen Augen wirklich sportliche Körper. Unsere Definition, wie ein fitter Körper auszusehen hat, ist recht eng gesteckt. Dick_fette Körper kommen darin nicht vor, also sehen wir sie nicht auf den Werbeplakaten der großen Sportartikelhersteller oder als gutbezahlte Profisportler im Fernsehen. Es gibt genügend Sportarten, in denen ein großer Körper nützlich ist: Kugelstoßen, Sumo und Gewichtheben gehören dazu. Jedoch sind das selten jene, zu denen wir bewundernd aufschauen. Dass dick_fette Menschen sportlich sein können, übersteigt den Horizont der meisten. Lange auch meinen eigenen.

Als ich nach einem Jahr in den USA wieder am Flughafen Stuttgart landete, nahm mich meine Mutter bewundernd in Empfang: «Du hast ja richtig Muskeln bekommen!» Ich freute mich über diese Beobachtung und war stolz auf meinen trainierten Körper. Ist es nicht interessant, dass wir sichtbare Muskeln mit Sportlichkeit gleichsetzen? Dabei ist es eine sehr individuelle Angelegenheit, wie schnell und sichtbar Menschen Muskeln aufbauen. Der Sängerin Lizzo wurde trotz ihrer mehrstündigen Bühnenshows, in denen sie tanzt und gleichzeitig singt, von einer amerikanischen Diät-Coach erst kürzlich öffentlichkeitswirksam unterstellt, nicht fit zu sein. Was für eine Frechheit!

«Du bist einfach zu dick für Ballett», schnauzte mich der Lehrer in meiner dritten Stunde an, als ich mitten im Raum einen Grand Jeté versemmelte. Ich hatte mich auf die Klasse gefreut und gehofft, an meine sportlichen Erfolge in der Highschool anknüpfen zu können. Es passierte das genaue Gegenteil. Schon vorher hatte er uns Schülerinnen beschimpft, wenn wir nicht lautlos landeten, aber so was hatte er bisher zu keiner gesagt. In den nächsten Stunden trug ich eine Bauchweghose unter meinem schwarzen Body und der rosa Strumpfhose.

«Hast du schon einmal Hip-Hop ausprobiert? Das würde besser zu deinem kräftigen Körperbau passen!», rief er quer durch den Raum. Er machte keinen Hehl daraus, dass meine Figur für Ballett absolut unpassend und meine Leistung deshalb unterdurchschnittlich waren. Was machte ich überhaupt da? Ich verließ die Klasse und verbrachte die nächsten Wochen mit dem Versuch, meinen Körper zu einem dünnen Ballerinakörper zu hungern.

Obwohl wir dick_fette Menschen laufend wissen lassen, dass sie endlich Sport machen und damit abnehmen sollen (um uns von ihrem Anblick zu erlösen), wollen wir sie weder in Leggings im Gym noch im Badeanzug im Freibad sehen. Sportbekleidung gibt es erst seit ganz wenigen Jahren in Größen, die über den sogenannten Standard hinausgehen. Sie sollen effektiv Sport machen und schnell «fit» werden, aber bitte versteckt zu Hause, ohne dass andere es sehen müssen.

Heute wünschte ich, ich hätte als Kind einen unbelasteten Umgang mit dem Thema Sportlichkeit gelernt. Ich kämpfe damit, meine Sportlichkeit nicht anhand einer normierten Kurve zu beurteilen. Meine Erwartungen an mich selber haben oft wenig mit dem zu tun, was mir mein Körper signalisiert. Auch wenn ich weiß, dass angemessene Bewegung mir guttut, fällt es mir schwer, sie vorurteils- oder stressfrei zu genießen. In der Diätkultur gehört zu einem gesunden Lifestyle, regelmäßig zu sporteln und das zu zeigen. Wir tragen die Yogamatte in den Coffeeshop, den Fitnesstracker am Handgelenk und die Active Wear zum Brunch (weil wir grad aus dem Gym kommen, klar). Wir wollen alle jederzeit wissen lassen, wie viel Zeit, Geld und Schweiß wir in uns selber investieren können. Ich meine, liebst du dich überhaupt, wenn du nicht regelmäßig Sport machst? Wir verstehen unter Unsportlichkeit so viel mehr als «keinen Sport machen», es signalisiert wortwörtliche und metaphorische Unflexibilität, Faulheit, mangelnde Selbstliebe und gar Sturheit.

Heute verstecken gerade weiße Frauen diese toxischen Glaubenssätze gern hinter dem Wort Achtsamkeit und machen statt Aerobic lieber Yoga, weil es netter scheint und die Muskeln lang und schmal und nicht etwa wulstig, also männlich macht. Im gleichen Atemzug sagen wir statt dünn lieber fit, meinen aber das Gleiche. Weil ein fitter Körper eben nur ein schlanker Körper sein kann. Für Frauen ist es wichtig, nicht zu viele Muskeln aufzubauen – denn das könnte ja mit Männlichkeit verwechselt werden. Eine Charakterisierung, die cis Frauen unbedingt vermeiden wollen sollen. Kein Wunder, dass Athlet:innen wie Venus und Serena Williams und Caster Semenya immer wieder damit konfrontiert werden, zu stark und damit zu männlich zu sein. Beide sind Schwarze Frauen, die in der weiß dominierten Profisport-Welt mit dem rassistischen Stereotyp der «Angry Black Woman» belegt werden.

Vor zwei Jahren erst hab ich mir einen langgehegten Traum erfüllt und begonnen, Eislaufen zu lernen. Ich kaufte Schlittschuhe, eine Dauerkarte für die Eisbahn, schaute stundenlang Videos und verbrachte ganze Tage auf dem Eis. Ich trat sogar in den örtlichen Eislaufverein ein und ging zwei bis drei Mal in der Woche zum Training. Jede freie Minute wollte ich dort verbringen, besser werden und mich selbst und andere mit meinen Fähigkeiten beeindrucken. Auf Instagram kamen die Videos und Fotos von meinen Fortschritten besonders gut an. Obwohl ich nun wirklich nicht dem Bild einer typischen Eisläuferin entspreche, erlaubte ich mir endlich, dennoch eine zu sein. Ich fuhr sozusagen gegen meine eigenen Vorurteile an: Ich war nicht zu alt, zu dick oder zu unsportlich. Nein, ich war selbstbewusst genug, um mir dieses Vergnügen zu gönnen. Jede Runde auf der Eisbahn bewies mir, dass ich Sport kann. Und natürlich, dass ich als dicker Mensch sportlich sein kann.

Letzten November gab es eine Woche, in der ich fünf Mal auf dem Eis stand. Mein Alltag war zu jenem Zeitpunkt stressig, ich hatte gerade begonnen, das Buch zu schreiben, und war stellenweise überfordert von dieser großen Aufgabe. Ich bildete mir ein, das Eislaufen genau jetzt durchziehen zu müssen. Schließlich wirkt regelmäßiger Sport doch ausgleichend auf die mentale Gesundheit? Und ich hatte mich angemeldet, die anderen zählten auf mich. Beim fünften Mal rutschte ich dann, von allen unbemerkt, aus und fiel nach hinten auf den Kopf. Ich kann mich nicht erinnern, was ich in dem Moment gemacht oder gedacht habe.

Was ich mir eingestehen muss, ist, dass Sport für mich nicht wertfrei ist. Vielleicht erreiche ich nie einen Punkt, an dem Bewegung für mich einfach nur Spaß ist, ohne funktionale Ziele wie Gewichtsverlust, oder mir zu beweisen, dass ich's kann. Sport unbeschwert in meinen Alltag einzubauen, ohne in alte Muster von falschem Ehrgeiz, Demütigung und Leistungsschau zu verfallen, fällt mir schwer. Rational weiß ich, dass Herr Weßbechers Leistungskurve, durchgesetzt mit Stoppuhr, Maßband und Trillerpfeife, nicht mehr mein Leben bestimmt. Dass es egal ist, wie weit ich springen oder wie schnell ich 800 Meter laufen kann. Wieso benoten wir überhaupt den Sportunterricht unserer Kinder und belohnen nicht allein deren Teilnahme und Freude? Anstatt ihnen die Freude an der Bewegung, am Austoben und Grenzen-Entdecken beizubringen, halten sich Lehrer an normierte Tabellen, die annehmen, die Leistungsfähigkeit aller Zehnjährigen, egal welche Veranlagung und Erfahrung, ist gleich. Ich schleppe diesen unsinnigen Standard seither mit mir rum.

Was heißt eigentlich Gesundheit?

Das Einzige, was jemand beim Anblick einer fetten Person mit Sicherheit diagnostizieren kann, sind die eigenen Klischees und Vorurteile gegenüber fetten Menschen.

Marilyn Wann

Wenn Interviews oder Videobeiträge mit mir online gehen, dauert es in der Regel keine zehn Minuten, bis die ersten Kommentare kommen, die betonen, was für eine krasse Gefahr «Übergewicht» sein soll: «Dicke Leute diskriminieren geht mal gar nicht. Die Gefahren von Übergewicht verharmlosen geht genauso nicht.» So oder so ähnlich sagen sie mir: Akzeptanz schön und gut, aber was ist mit der Gesundheit!!!!

Ich saß in der Küche einer guten Freundin, sie räumte irgendetwas auf, und ich erzählte, wie sehr es mich nervte, andauernd irgendwelchen mir unbekannten Menschen Rede und Antwort zu meiner Gesundheit stehen zu müssen. Allein dass ich meinen Körper zeige und darüber spreche, dass ich mich wohlfühle, reicht aus, um mich als Verfechterin von «schlechtem Lebenswandel» zu verunglimpfen. Jedes Mal. Sie blickte mich herausfordernd an und sagte: «Also, jeder Mensch soll natürlich so leben, wie er will. Ich will dir wirklich nicht reinreden, das weißt du. Ich finde total toll, was du machst. Wichtig, auch. Aber eins musst du zugeben: Bauchspeck ist einfach ungesund!» Ich war baff. Und sie redete sich in Rage: «Der Mediziner auf dieser einen Veranstaltung sagte das auch, so und so viel Zentimeter Bauchspeck erhöhen die Gefahr von Herz-Kreislauf-Dingens.» Sie regte sich mittlerweile richtig auf, wollte mir unbedingt erklären, dass ich irgendwie okay bin, aber eigentlich echt ungesund. Dabei hatte ich gar nichts über meinen gesundheitlichen Zustand gesagt, lediglich mich darüber aufgeregt, dass mir alle unterstellen, Fürsprecherin für «schädliches Übergewicht» zu sein. Dass sie so reagierte – das saß. Diese pseudobesorgten Worte kamen nicht von irgendeiner Person mit dem Profilnamen «Half potatoe half unicorn», sondern von einer Frau, die mir nahestand. Die meine Geschichte fast vollständig kannte. So vermittelte sie mir, dass mein Bauchspeck ein Übel ist, ein Laster, mit dem ich mich aktiv in Gefahr brachte. Und wenn sie mir klarmachen könnte, was für ein unnötiger Ballast er ist, dann würde ich mich sicher genügend anstrengen, ihn loszuwerden?

Wenn man als dick_fett gelesen wird, bekommt man am laufenden Band und ungefragt Gesundheitstipps, neudeutsch nennt sich das Concern Trolling. Als sei es schließlich wichtig, dick_fette Menschen wissen zu lassen, in welcher Gefahr sie sich angeblich akut befinden. Obwohl uns ständig Schlagzeilen wie «So gefährlich ist Bauchfett» oder «Übergewicht: So gefährlich leben Dicke» oder «Übergewicht schadet dem Gehirn» umgeben, scheinen die meisten davon auszugehen, dass ich von diesem vermeintlichen Risiko noch nie gehört habe. Deswegen ist es ihnen wahrscheinlich so wichtig, mich umgehend aufzuklären. Vielleicht gehen sie wegen meines Äußeren davon aus, dass es mich nicht interessiert. Fett = faul, und so weiter. Oder aus ihnen spricht die große Angst, selber dick_fett zu werden, was in ihren Augen eben krank ist.

In der Diätkultur gilt der fettphobische Mythos, dass in jedem Menschen ein dünner Mensch steckt. Dass die Ursprungsform, die natürliche Figur jeder Person, immer die schlanke ist, weswegen die dicke zwangsläufig eine Absonderlichkeit sein muss. Ein Zeichen dafür, dass etwas falschgelaufen ist. Das ist natürlich nicht fundiert, Körper gibt es in zig verschiedenen Varianten, manche sind länger und andere kürzer, manche sind schmaler und andere breiter, manche sind leichter und andere schwerer. Wenn man bedenkt, wie sehr sich unsere Körper im Laufe unseres Lebens ändern, ist es schwierig zu behaupten, es gäbe die eine, natürliche, schlanke Form für jeden. Alles, was erreicht wird, ist, dass wir uns schlechter fühlen.

Bei dick_fett gelesenen Menschen gehen viele davon aus, dass man den gesundheitlichen Zustand am Äußeren erkennen kann. BodyMary sagt es gut in ihrem Interview weiter hinten im Buch: «Adipositas ist eine Blickdiagnose.»

Vor wenigen Jahren saß ich bei meiner Hausärztin, einer dünnen Frau mit strengem Pferdeschwanz und pastellfarbenem Polo-T-Shirt. Wir kannten uns noch nicht gut, sie hatte erst vor kurzem die Praxis übernommen. Beim Check meiner Blutwerte erwartete ich keine Überraschung, außer vielleicht einen zu niedrigen Eisenwert, schließlich ernährte ich mich schon sehr lange vegetarisch. Sie erklärte mir, dass alles grundsätzlich in Ordnung sei, lediglich mein Cholesterinwert wäre leicht erhöht. Dann tippte sie irgendwas auf ihrer Tastatur, und ehe ich sagen konnte, dass das für mich nichts Ungewöhnliches sei, verkündete sie mit gekräuselter Stirn «Na ja, kein Wunder, Ihr BMI liegt bei 32 – Sie haben also starkes Übergewicht. Ein paar Kilo weniger würden Ihnen nicht schaden.» Ich hatte von solchen stigmatisierenden Situationen bisher nur von anderen Fettaktivist:innen gehört. Nun erwischte es mich. Ich wusste nicht, ob ich lachen oder sie anschreien sollte. Hätte sie in meine Krankenakte geschaut, wüsste sie, dass ich bereits seit Anfang 20 einen hohen Cholesterinwert habe, weil das bei mir genetisch bedingt ist. Sie hätte gewusst, dass ich früher an Essstörungen litt und gerade erst einen Burnout überstanden hatte. Das interessierte sie jedoch nicht so sehr wie die Zahlen in der BMI-Tabelle. In dem Moment spürte ich das ganze Gewicht dieser vermeintlichen Diagnose. Sie war meiner Ärztin wichtiger, als die Tatsache, dass meine Blutwerte gut waren und mein mentaler Zustand wieder stabiler war.

Die Beharrlichkeit, mit der der Body-Mass-Index (BMI) von Mediziner:innen fast exklusiv bei der Beurteilung der Gesundheit zu Rate gezogen wird, ist erstaunlich. Da er sich ausschließlich auf das Verhältnis von Körpergewicht und Körpergröße bezieht, vernachlässigt er weitere Faktoren wie Geschlecht, genetische Disposition, Alter, Muskel- oder Fettanteil, die eigentlich unerlässlich sind. Als dem belgischen Mathematiker Adolphe Quetelet 1832 die Formel einfiel, die heute die Grundlage des BMI bildet, ging es ihm gar nicht um die Bewertung von Gewicht. Er, wie so viele seiner Zeitgenoss:innen, wurde von der Idee getrieben, eine mathematische Formel für das, was er für die Norm hielt, zu finden. Es ging um die Standardproportionen, den «Durchschnittsmenschen». Erst in den 1970er Jahren wurde der BMI in den USA zum Werkzeug, um vermeintliches Über- und Untergewicht festzustellen. Es ist ein technischer, kostengünstiger Faktor, der uns den Eindruck gibt, es gäbe eine Ordnung, nach der Körper zu funktionieren hätten. Deutlich wird das 1998, als die Weltgesundheitsorganisation die Grenze für einen «normalen» BMI auf 25 heruntergesetzt hat, weil man annahm, eine runde Zahl sei einfacher zu merken. Diese Änderung führte dazu, dass von einem Tag auf den anderen doppelt so viel US-Amerikaner als «adipös» galten und zu «Problemfällen» wurden.

Der vermaledeite BMI ist außerdem einer der Gründe, warum sich jeder für befugt hält, den gesundheitlichen Zustand von dick_fett gelesenen Menschen zu beurteilen. Dabei setzen diese Amateur-Mediziner:innen grundsätzlich und ohne Nachfrage Schlanksein mit Gesundsein gleich. Ein dick_fetter Mensch muss erst einmal nachweisen, ob und inwiefern er ihren Kriterien für Gesundheit entspricht.

Wieso ist das überhaupt so wichtig? Als ich magersüchtig war, interessierte nie jemanden meine Lebenserwartung. Ich musste nie nachweisen, wie viel Sport ich machen kann. Die Gesundheit meines abgemagerten Körpers wurde nie in Frage gestellt. Bei Rauchenden oder Alkoholtrinkenden fragt niemand, welche Belastung unseres Gesundheitssystems das darstellt. Wir kommen auch nicht auf die Idee, Autobahnraser:innen zu erinnern, welche Kosten potenzielle Unfälle nach sich ziehen.

Für dick_fette Menschen ist gesund zu sein dagegen eine moralische Pflicht, die wir der Gesellschaft schuldig sind. Ständig werden wir darauf aufmerksam gemacht, wie sehr unsere Körper die Gesundheitskassen des Landes belasten (werden). In dieser Denke stellen wir keinen Mehrwert dar. Wir sind eine finanzielle, soziale und ästhetische Last. Werden diese Menschen deswegen so wütend über meine Dreistigkeit, nicht dünn zu sein? Haben sie Angst, für mich aufkommen zu müssen, für meine «Ausschweifungen» zahlen zu müssen? Sie agieren, als würde mein Bauchspeck ihnen persönlich etwas wegnehmen. So werden dick_fette Menschen zur Gefahr für alle stilisiert, gegen die sie sich wehren müssen.

Kein Wunder, dass die Bilder zu Berichten, die vor den steigenden «Adipositas-Zahlen warnen», häufig dick_fette Menschen ohne Kopf zeigen. «Headless Fatty» nennt Dr. Charlotte Cooper dieses Phänomen, bei dem nur der üppige Bauch oder speckige Rücken in möglichst vielen Falten und Wülsten gezeigt wird. Einen Kopf, eine Persönlichkeit, eine Individualität haben diese dick_fetten Menschen nicht, sie sind Objekte, vor denen sich die anderen in Acht nehmen sollen.

Sie schreien mich an: «Ungezügelte, fette Drecksau, für die wir bezahlen müssen! Du bist doch einfach nur zu faul abzunehmen! So ein Körper ist doch nur ein Anhaltspunkt für fehlende Disziplin und Faulheit.» Sie geben vor, sich um meine Gesundheit zu sorgen, dabei geht es ihnen darum, ihre Fettphobie rauszulassen. Diese falsche Besorgnis ist für dick_fette Menschen Alltag, egal ob auf Social Media, aus dem eigenen Umfeld oder von Ärzt:innen.

Ich halte diesen starken Fokus auf die Gesundheit eines Menschen für gefährlich, weil darin unweigerlich mitschwingt, dass nur ein gesunder Körper ein wertvoller Körper ist. Wer bestimmt in dieser Denke, was gesund heißt? Wo ziehen wir die Grenzen? Und was machen wir mit jenen, die aus diesem limitierten Rahmen herausfallen? Wollen wir wirklich so über Menschen urteilen?

Diverse Studien weisen nach, dass die anhaltende Erfahrung von Diskriminierung Stress auslöst, der zu einer Vielzahl gesundheitlicher, physischer wie psychischer, Probleme führt, etwa hohem Blutdruck oder einem hohen Cortisolspiegel. Diese werden dann dem Gewicht zugeschrieben, auch wenn sie von der gesellschaftlichen Stigmatisierung ausgelöst werden. Ebenso seit Jahren bekannt sind die negativen Langzeiteffekte von ständigen Diäten, denn andauernde Gewichtsschwankungen haben ernsthafte Folgen für die körperliche und mentale Gesundheit.

Was und wer gesund ist und wie ein gesunder Körper aussieht, ist individuell und vor allem Privatsache. Nicht jeder mehrgewichtige Mensch macht Sport, und nicht jeder schlanke Mensch ernährt sich ausgewogen.

Du kannst einer Person nicht ansehen, ob sie gesund ist.
Du kannst einer Person nicht ansehen, ob sie gesund ist.
Du kannst einer Person nicht ansehen, ob sie gesund ist.
Du kannst einer Person nicht ansehen, ob sie gesund ist.

Wann esse ich «richtig»?

Nein, ich bin kein
Snack, Baby, ich bin
die ganze verdammte
Mahlzeit.

Lizzo

An der holzvertäfelten Dachschräge über meinem Bett hing früher neben Postern von Rick Astley und meinen eigenen Collagen eine Doppelseite aus der *Bravo Girl*. Darauf war eine Übersicht an Lebensmitteln mit den jeweiligen Kalorienangaben – links, vor rot getöntem Hintergrund, die schlechten; rechts, vor grün getöntem Hintergrund, die guten. Ich hatte mir die Seite übers Bett gehängt, um mir die Einteilung und Zahlen genau einzuprägen. Das hat funktioniert, bis heute kommt mir beim Anblick eines Doppelkekses als Erstes 180 Kilokalorien in den Sinn. Ich müsste nachschauen, welche Note ich im Abi hatte, aber weiß sofort, dass eine Handvoll Kartoffelchips 134 Kalorien hat. Was ich dank dieses Posters auch gelernt habe, ist, dass die «schlechten» Lebensmittel «Sünden» sind, denn das stand groß drüber, von denen sollte ich mich möglichst fernhalten. Essen, so verstand ich, hat weniger mit spontanem Genuss und intuitivem Appetit zu tun, sondern es lauern überall Gefahren. Ich musste immer wachsam sein, damit ich nicht in eine der vielen Fallen tappte und vom rechten Weg, gepflastert mit Vollkornbrot und bepflanzt mit Brokkoli, abkam. Ständig wollten Gummibärchenarmeen mich verführen, riefen Sahnetortenberge lockend meinen Namen und Pommesstapel wollten aufgefuttert werden. Ich musste und wollte lernen, wie ich diese gefährliche Welt navigierte, ohne den Versuchungen anheimzufallen. Ich wollte wissen, wie ich meinen Hunger, dieses Biest in mir drin, zähmen und kontrollieren konnte. Meine Werkzeuge in diesem Kampf? Kalorientabellen, Lebensmittellisten und Diäten, bei denen ich genau abzählen konnte, wie viel ich von was zu mir nehmen «durfte». Das war recht zeitaufwendig, aber sobald ich verinnerlicht hatte, dass Essen nicht bedeuten durfte, sich nach Heuschoberspielen den frischen Kuchen reinzuschaufeln, wollte ich diese «Black Box» Essen unbedingt knacken. Im Rückblick finde ich es unglaublich traurig, dass im Laufe meiner Kindheit und Jugend Essen in meinem Kopf zu etwas derart Kompliziertem wurde, bei dem es zig Regeln zu beachten gab. Ich habe so viele Botschaften und Anweisungen konsumiert, aus Büchern, Zeitschriften, von Ärzten und meiner Familie, dass ich bis heute verunsichert bin, was das eigentlich heißen soll, «richtig zu essen».

Mein Vertrauen darin, dass mein Körper am besten weiß, was er will und braucht, war und ist durch die Indoktrination mit sogenannter Diätliteratur nachhaltig gestört. Diese dysfunktionale Beziehung führt dazu, dass ich meinen körperlichen Signalen nicht traue. Stattdessen ging ich lange davon aus, dass das, was mein Körper verlangt, per se das Falsche sein muss. In der Diätkultur lernen wir, dass wir unweigerlich in der Völlerei enden, wenn wir uns nicht kontrollieren. Als sei unser Körper ein ungezähmtes Wesen, das seine Grenzen nicht kennt und seinen Gelüsten hilflos ausgeliefert ist. Als wären wir alle nur einen Schritt, nur eine Tafel Schokolade weg vom Abgrund. Dass Hunger und Begierde natürliche Signale sind, mit denen unser Körper auf Bedürfnisse aufmerksam macht, verlernen wir.

Gerade in der Modewelt ist es völlig normal, andauernd auf Diät zu sein. Dass alle Models in Orangensaft getunkte Wattebällchen essen, ist zwar eine Mär, genussvolles Schlemmen in großer Runde erlebte ich in der Mode dennoch selten. Und weil in der Mode alle Trends lieben, waren viele, ich eingeschlossen, ganz scharf darauf, neue Diäten und Ernährungstipps auszuprobieren. Denn um den gewinnbringenden Teufelskreis der Diäten zu bespielen, braucht es stetig neues Futter. Obwohl längst nachgewiesen wurde, dass Diäten nicht funktionieren und sie sich dazu durch den Jo-Jo-Effekt quasi selber notwendig machen, wollen wir treuen Diäthalter:innen unbedingt noch mal mit dem Karussell fahren. Gebt uns ein Ticket!

Die angeblich neuen Erkenntnisse und himmelhochjauchzenden Versprechen jedes Diätprogramms ließen mich am Ball bleiben. Wenn ich eine neue Anleitung fand, wie ich in den nächsten zwei Wochen essen sollte, um *die* drei Kilo zu verlieren oder *den* Bikinibody zu bekommen, spürte ich jedes Mal kurz Erleichterung. Ich wollte den Autor:innen glauben, dass sie letztendlich *den* Weg zum Traumkörper gefunden hatten. Und endlich hatte ich wieder etwas, woran ich mich halten konnte, ich müsste nicht mehr ohne Plan durch den Supermarkt irren, ständig der Gefahr ausgesetzt, doch das «Falsche» zu kaufen. Wenn ich einen Tag nach Vorgabe geschafft hatte, fühlte ich mich in der Tat besser, schließlich glaubte ich, etwas Gutes zu tun, für mich und die Gesellschaft (der ich bald nicht mehr mit meinen Ausmaßen auf den Nerv gehen würde).

Seit ein paar Jahren sind «Diäten in Verruf geraten», wie es eine ehemalige Kollegin letztens ausdrückte, weswegen wir es jetzt eher «Ernährungsumstellung» oder «gesundes Essen» nennen. Oft versteckt sich dahinter aber genau das gleiche Prinzip. Auch wenn ein Programm, in dem du nur Saft zu dir nimmst, *Juice Cleanse* heißt, es ist trotzdem eine Diät. Das neumodische Konzept des «clean eating» beruht ebenso auf der irreführenden Annahme, dass es «cleane», also saubere, reine Lebensmittel und das Gegenteil davon gibt. Oder die Keto-Diät, die aus der Epilepsietherapie für Kinder stammt und im Prinzip eine kompliziertere Variante der Low-Carb-Diäten ist. Zugrunde liegt denen und anderen Diäten der Verzicht auf bestimmte Lebensmittel, die als «nachteilig» gelten. Je nach Jahrzehnt und Mode sind das mal Kohlenhydrate, Fett oder Proteine. Ich wuchs mit dem Dogma auf, Fett sei unbedingt zu vermeiden, ich kaufte jahrelang ausschließlich fettreduzierte Produkte – bis ich in der Schule von den gesundheitsfördernden Eigenschaften von sogenanntem «guten» Fett hörte. Geglaubt habe ich das nicht so richtig, weder Nüsse noch Olivenöl gönnte ich mir. Bis heute würde ich keine Vollmilch kaufen, die Angst vor all den gesättigten Fettsäuren sitzt zu tief.

Dass gemeinsames Kochen und Essen ein wichtiges soziales Ereignis ist, das emotionale Bindungen stärkt und Geschichten erzählt, fällt bei der Kreation einer Diät unter den Tisch. Dabei spielen sehr viel mehr Aspekte in unser Essverhalten hinein als die Frage, was danach auf der Waage steht. Vor allem steckt darin so viel unserer Geschichte und der unserer Vorfahren. Meine Oma, die als «Volksdeutsche» in den 1940ern mit ihrer Familie aus Bessarabien nach Schwaben umsiedeln musste, kochte für uns gern Milchsuppe mit Riebele, Kürbiskompott und viel Zucker, weil das so nahrhaft war. Sie sah es gern, wenn wir Kinder beleibt und damit hoffentlich widerstandsfähig waren. Ich erinnere mich an wunderbar heiße Sommernachmittage, an denen wir zusammen auf der weißen Bank vorm Haus Berge von Wassermelonen mit Schafskäse verdrückten, wie in ihrer Kindheit am Schwarzen Meer. Meine Mutter verbrachte Stunden in der Küche, um frische Spätzle mit Linsen, Maultaschen, Grießschnitten und Ofenschlupfer für unsere Familie zu kochen. Auch unter der Woche gab es zum Mittagessen eine Vorspeise oder ein Dessert. Von ihr lernte ich, dass diese Gerichte zu unserer schwäbischen Identität gehörten, genauso wie das schlechte Gewissen, wieder so viel reingeschaufelt zu haben. Dieser moralische Aspekt offenbart den christlich-religiösen Ursprung unserer Fettphobie. Maßloses Essen und Trinken ist eine der sieben Todsünden in der Bibel. Fett gilt als Verkörperung des falschen Lebens. Völlerei ist keine momentane Laune, sondern eine grundlegende Charaktereigenschaft und damit das genaue Gegenteil der christlichen Tugend der Mäßigung. Meine Mutter sühnte ihre schwäbischen Mahlzeiten mit einer Diät, sie wechselte zwischen Sünde und Buße hin und her. Für meine Brüder und meinen Vater galt das nicht.

Für mich dagegen bestimmte die Frage, wie «richtig essen» geht, irgendwann meinen gesamten Alltag. So wie für viele Menschen war für mich eine Diät (die gewollte Lebensmittelverknappung) keine Ausnahme, kein temporäres Zwei-Wochen-Programm, sondern eine Lebenseinstellung. Das ist ein Privileg, denn dafür braucht man Ressourcen wie Zeit und Geld.

Ich aß nur unter Verzicht, nie spontan und intuitiv, sondern unter Berücksichtigung des vielen «Wissens», das ich mir mit den Jahren angeeignet hatte. Deswegen kam mir der Trend des «Health Food» sehr entgegen, bei dem es gerade darum geht, «gesund» beziehungsweise «funktional» zu essen.

Als ich Anfang der 2000er immer wieder Zeit in New York verbrachte, ging ich am liebsten ins 7A Café, einem angesagten

Brunch Spot im East Village direkt am Tompkins Square Park. Dort bestellte ich statt Eggs Benedict oder French Toast jedes Mal das Gleiche: die «Health Bowl». In der Schüssel war brauner Reis, oben drauf jede Menge Gemüse, dazu deren Spezialsauce – das Low-Cal-Carrot-Dressing. Ich liebte dieses Gericht so sehr, dass ich es zurück zu Hause regelmäßig selber nachkochte (aber ohne den Reis). In New York die «Health Bowl» zu bestellen und sie in Hamburg nachzumachen, kam mir innovativ und besonders vor, ich fühlte mich der Zeit voraus. Mittlerweile sind solche suggestiven Namen völlig normal, was früher Orangensaft hieß, enthält jetzt auch Ingwer und heißt «Detox-Drink», was es früher verkocht zur Pinkel gab, landet jetzt mit Spirulina im Supergreen Kale Smoothie, und was früher Blaubeeren hieß, sind nun Anti-Oxidant Superfoods. Dass der Marketingtrick, Essen mit einer weiteren, oft unbewiesenen Super-Power aufzuladen, so gut funktioniert, zeigt nur, wie gern wir unseren Wert über unser Essen definieren: *You are what you eat.* Dazu muss es fancy klingen, denn wer will schon gern ein Grünkohl-Algen-Mixgetränk bestellen?

Mir hat die Health Bowl damals nicht nur geschmeckt, ich fühlte mich auch deswegen gut, weil sie «Health Bowl» hieß, und deswegen alle, meine Freunde, die Kellner:innen und die anderen Gäste im Lokal, sahen, dass mir meine «Health» total wichtig war. Rückblickend hätte ich mal lieber die Breakfast Burritos bestellt.

Wenn irgendwas «gesund» klingt, geben viele gern mehr Geld dafür aus. Eine violette Açaí Smoothie Bowl, die man sich nach dem Yoga gönnt, darf gern mehr kosten, schließlich macht sie einen vermeintlich fitter. Was wir essen, war schon immer Distinktionsmerkmal. Wer es sich leisten kann, vergleichsweise teure, importierte Novel Foods wie Açaí-Beeren, Chiasamen oder Adaptogene wie Reishi oder Ashwaganda (auf Deutsch

haben die übrigens weniger marketingtaugliche Namen, nämlich Glänzender Lackporling beziehungsweise Schlafbeere) auf
der Küchenanrichte stehen zu haben, zeigt so nicht nur einen
angeblichen Wissensvorsprung und vermeintliches Gesund-
heitsbewusstsein, sondern in erster Linie den eigenen Reich-
tum. Jeden Ernährungstrend mitzumachen, muss man sich erst
mal leisten können.

Als ich vor zwanzig Jahren mal nach einem langen Produk-
tionstag mit dem gesamten Team beim Essen im Restaurant saß,
packte die Fotografin einen Korb mit grünen Gemüsen, Salat
und Öl aus und reichte ihn dem Kellner mit den Worten: *«Bitte
bereiten Sie mir das als Salat zu, aber bloß nix kochen! Und nur
das, was hier drin ist, auch kein Salz oder irgend so was. Ach ja,
und verwenden Sie zum Schneiden bitte ein neues, unbenutztes
Brett. Vielen Dank.»* Alle anderen lauschten ihren detaillierten
Anweisungen mit hochgezogenen Augenbrauen, gesagt hat keiner was. Wir haben es wohl deswegen nicht kommentiert, weil
wir nicht sicher waren, was daran zu kritisieren war: Wollte
sie nicht lediglich gesund essen? Gut, sie nahm es vielleicht ein
bisschen zu ernst.

Der US-amerikanische Arzt Steven Bratman hat dieses Phänomen 1997 mit dem Begriff Orthorexia nervosa betitelt. Er
wollte den Zwang, ausschließlich unbehandelte und «gesunde»
Lebensmittel zu konsumieren, beschreiben. Die Motivation ist,
eine bessere Gesundheit zu erlangen, indem man vermeintlich
«besser» oder «korrekter» (griech. «ortho») isst.

Einmal erzählte mir eine Freundin, wie sie einer Kollegin
am Flughafen etwas zu essen mitbringen wollte. Die hatte ihr
gesagt, *«was Grünes»*, und weil sie das nicht finden konnte,
kaufte sie einen kleinen Karottensalat. Sie nahm an, dass sie
eigentlich *«was mit Gemüse»* meinte. Aber die Kollegin wollte

den nicht und trat die lange Heimreise lieber hungrig an. Denn *«der war ja nicht grün»*. Meine Freundin war schockiert. Ich dagegen hatte sofort gewusst, wie die Geschichte ausging. Genauso wie ich sofort weiß, wie viel Kalorien ein Doppelkeks hat.

Was sage ich?

Eine Sache, die ich
gelernt habe, ist, dass,
wenn du versuchst,
jemanden bei etwas,
das er sein gesamtes
Leben geglaubt hat,
zu korrigieren, du
sanft mit ihm sein
musst, weil du seine
Wirklichkeit ausein-
andernimmst.

Chidera Eggerue

Warum schreibst du eigentlich immer, dass du dick bist? Du bist doch gar nicht dick, sondern wunderschön.» Solche oder so ähnliche Nachrichten bekomme ich oft. Sie meinen es gut, ich weiß. Ich verstehe, warum sie das schreiben. Das Wort «dick» beschreibt in unserer deutschen Sprache nicht nur eine Körperform, dick beschreibt einen Zustand, einen, der unerwünscht ist. Wer möchte schon dick genannt werden?

Mittlerweile verwende ich «dick» recht selbstverständlich, um meinen Körper zu beschreiben. Und beobachte gern, wie andere, besonders Menschen, die nicht dick sind, mit Irritation reagieren. «Nein! Du bist doch nicht dick!», sagen sie dann, oder – und das ist mein Lieblingssatz: «Du bist doch nur ein bisschen dick!» Nun, ein bisschen dick ist auch dick. Und das ist mehr als okay.

Es ist mir natürlich klar, dass das Wort «dick» nicht neutral verwendet wird, sondern als Beleidigung. Ebenso wie das noch abwertendere «fett». Als Kind bin ich von meiner Familie oft gewarnt worden: «Iss nicht so viel, sonst wirst du zu dick», sagte meine Mutter zu mir. Mein Vater nannte mich «Nilpferd» mit einem neckischen Grinsen. Einen «Arsch wie ein Brauereigaul» hätte ich. «Nur Schweine essen, bis sie satt sind», hörte ich von einer entfernten Tante beim Geburtstagsessen. Smarte Schweine, denke ich mir heute. Damals war mir klar, ich will kein fettes Schwein sein. Und obwohl ich Nilpferde für imposant und schön hielt, wusste ich, dass dieser Vergleich kein Kompliment war. Ich stellte die Kommentare meiner Familie nie in Frage, wieso sollten meine Eltern mich unnötig verletzen wollen? Nein, der Grund, warum sie mir das sagten, musste sein, dass ich mit diesem Körper, mit dem ich auf die Welt gekommen bin, wirklich irgendwas falsch gemacht habe. Und jetzt war ich zu dick, zu breit, zu groß, einfach zu viel. So ebneten ihre Worte den Weg in meine Essstörung.

Dick oder fett ist in unserer westlichen Gesellschaft viel mehr als das Gegenteil von schlank. Wenn wir dick sagen, meinen wir mehr als «mein Körper hat diese oder jene Form». Wir meinen: disziplinlos, maßlos, ungesund und schwerfällig. Deswegen erregt es die Menschen so, wenn ich mich dick nenne. «Ich bin dick» klingt für sie wie «ich bin faul, stinke, bewege mich maximal zwischen Kühlschrank und Couch und finde das gut so». So ein Zustand ist in unserer leistungsorientierten, gewinnmaximierenden Welt zwingend zu vermeiden. Es auszusprechen hieße, es zuzugeben, und das wäre ein unverzeihliches Eingeständnis meines moralischen Versagens. Schlimm genug, dass ich dick bin, aber sagen sollte ich das auf keinen Fall. Aus dem eigentlich sehr unschuldigen «Ich bin dick» wird «Ich bin ein Problem».

Die Abwertung der Worte dick und fett wird besonders deutlich, wenn man sie der Aufwertung von «schlank» oder, neuerdings, «fit» gegenüberstellt. Frauenmagazine und Abnehmprogramme werben mit Zeilen wie «Schlendern Sie sich schlank», «Killerbody: Schlank und sexy in 12 Wochen», «Einfach schlank: Erfolgreich und entspannt abnehmen» oder sogar «Mit Schlankwasser zur Traumfigur». Schlank ist nicht nur das Gegenteil von fett, sondern meint auch: schön, ehrgeizig, erfolgreich und begehrenswert. Manchmal stelle ich mir vor, da stünde «Acht Angewohnheiten von dicken Frauen, die beim Zunehmen helfen» oder «Trainingsplan für einen wabbeligen Bauch» oder «Schnell fett werden» und lache mich kaputt.

Es ist anstrengend, in einem Körper zu leben, der nur mit negativ aufgeladenen Worten zu beschreiben ist. Ich möchte sagen können, dass ich dick bin, ohne dass andere davon auf meinen Charakter schließen, aber es geht nicht. Ich kann das korrekte Wort für meinen Körper nicht ohne weiteres beanspruchen. Jeder sieht zwar, dass ich dick bin, aber ich soll mich um Himmels willen nicht so nennen. Das ist ein unangenehmer Widerspruch.

Vor allem, weil Körper in unserer Gesellschaft im Fokus stehen und wir sie ganz selbstverständlich und ständig beschreiben. Aber wenn ein Körper vom Schönheitsideal abweicht, kommen wir ins Stottern. Es gibt eine Vielzahl an Wörtern, die das «Problem» umschreiben sollen, ohne es zu nennen: «mollig», «kurvig», «drall», «vollschlank» oder «etwas mehr auf den Hüften». Die beschreiben das Gleiche wie «dick» oder «fett», sollen aber weniger beleidigend klingen und sind deswegen nicht ganz so verpönt. Wertschätzende oder neutrale Wörter wie füllig, üppig, stattlich oder wohlbeleibt höre ich kaum noch, sie wirken fremd und altbacken. Ich selber habe lange gern gesagt, ich sei «nicht ganz schlank».

Es ist schon häufiger passiert, dass Journalist:innen bei Interviews ganz unruhig werden, wenn es darangeht, das Wort «dick» zu benutzen. Anstatt mich direkt zu fragen, *«welches Wort ist für dich okay?»*, stammeln sie: *«Kann ich da jetzt schreiben mo... oder eher di-... also, wie ...»* Obwohl es in ihrem Artikel genau darum gehen soll, kriegen sie es nicht auf die Reihe, dieses kleine Wort auszusprechen. Ihre flehenden Augen bitten mich, sie von diesem Dilemma zu erlösen. Ich habe auch schon mit Schreibern diskutieren müssen, die darauf bestanden, das ich ja nun wirklich nicht «dick» sei. Ich solle mich doch selbst nicht so runtermachen, sagten sie mir.

Da sehen wir es: Sprache schafft Wirklichkeit.

«Kurvig» – oder besser «curvy» – ist in den letzten Jahren vom verharmlosenden Friedensstifter zuweilen zum Kompliment avanciert. Denn Rundungen können als attraktives Zeichen der Weiblichkeit gelesen werden, gar als wichtigstes Merkmal einer «richtigen Frau», eines «Vollweibes». Aber große Brüste, ein runder Po und ausladende Hüften finden wir nur schön, wenn die Taille definiert ist und das Gesicht schmal. Dicke Frauen mit flachen Hintern und kleinen Brüsten gelten nicht als «beautifully curvy», sondern als dick und damit problematisch, genauso wie schwabbelige Bäuche, Speckrollen am Rücken und das Doppelkinn.

Mein Körper ist nicht «ein bisschen dick» oder «curvy». Ich bin dick. Das ganz selbstverständlich zu sagen, ist radikal in einer Welt, die mir signalisiert: Noch schlimmer, als dick zu sein, ist, sich dick zu nennen.

Als ich anfing, mich selbstbewusst mit dem Wort «dick» zu beschreiben, wollte ich genau das üben. Ich wollte dieses kleine Wort, das ich bisher als Schimpfwort auf dem Schulhof und als besorgte Warnung aus dem Mund der Ärzt:innen kannte, neu bewerten. Ich will es wegen und entgegen all der Beleidigungen und Verletzungen, die es ausgelöst hat, verwenden. Fake it till you make it. Ich will mich an das Wort gewöhnen und es erst einmal neutral und irgendwann vielleicht sogar positiv meinen. Dieses Wort zu benutzen, was vorher so viel Scham hervorrief, ist für mich sehr empowernd. Es ist ehrlich. Und ehrlich befreiend.

Dazu ein wichtiger Hinweis – nur weil ich mich dick nenne, heißt das nicht, dass alle dick_fetten Menschen sich mit diesem Wort wohlfühlen. Falls wir mal in der Situation stecken, den Körper eines anderen Menschen dringend beschreiben zu müssen – und ernsthaft, das ist selten wirklich notwendig –, dann ist das Wort «mehrgewichtig» eine gute Wahl. Das Wort «übergewichtig» verwenden viele Aktivist:innen und ich nicht, weil es suggeriert, dass es eine Norm gibt, *über* der dieser Körper liegt. Dasselbe gilt für untergewichtig.

Genauso wichtig ist es mir, «dick» oder «fett» nur dann zu benutzen, wenn ich eine Form beschreiben will und kein Gefühl. Ich höre oft, wie schlanke Menschen sagen, «ich fühle mich dick». Dick ist aber kein Gefühl, vor allem kein negatives. Dick und fett beschreiben Körpertypen. Oder die Menge Körperfett an einem Körper. Man kann sich nicht dick fühlen. Oft drücken wir damit ein Gefühl der Unzulänglichkeit aus, weil für uns dick zu oft ungenügend bedeutet. Wir fühlen uns nicht dick, sondern müde, schwer oder traurig.

Damit, dass ich mir das Wort «dick» aneigne, beginne ich auch, mich von dem zu befreien, was wir Diätsprache, Diet Talk, nennen. Wenn ich genau hinhöre, fällt mir auf, wie unerträglich oft Gewicht ein Thema ist:

«Hast du toll abgenommen!»

«Ich fühl mich heute so fett.»

«Bei diesem Kuchen muss man einfach schwach werden.»

«Macht das dick?»

«Heute ist mein cheat day!»

«Sehe ich in dem Kleid fett aus?»

«Mit solchen Beinen würde ich keine Shorts anziehen.»

«Volants kannst du nicht tragen, die betonen deinen dicken Hintern nur noch mehr.»

Als wäre es das Normalste der Welt, sprechen wir über Intervallfasten, angebliche Problemzonen und nennen Lebensmittel Sünden – wie negativ wir uns über unseren und die Körper von anderen auslassen, fällt uns oft gar nicht auf. In all diesen vermeintlich harmlosen Sätzen steckt die Botschaft, wie schlecht wir über Körper denken, vor allem über den «Albtraum» dick_ fetter Körper. Wem hilft es, so verletzend zu sprechen?

Müssen wir wirklich am laufenden Band verbalisieren, wie sehr wir uns der eingebildeten Gefahr des «Dickwerdens» bewusst sind? Wie diszipliniert und innovativ wir uns dagegen wehren? Haben wir nicht wichtigere Kämpfe, mit denen wir uns identifizieren? Und können wir nicht schönere Verbindungen miteinander eingehen als das Aufzeigen gemeinsamer Fehler?

Es ist schwer, solche Gespräche zu vermeiden, wenn wir doch täglich von allen Seiten mit ihnen konfrontiert werden. Jedes Mal, wenn Medien über die Körpermaße der Bevölkerung schreiben, kommen sie nicht umhin, starke Wörter wie *«Epidemie»* oder *«Volkskrankheit»* zu verwenden, sie schreiben, dass

«Menschen unter Übergewicht *leiden*», «zu hohes Gewicht» allem Möglichen *schadet*, und dramatisieren Maßnahmen als *Kampf* und *Wettlauf*. Frauenmagazine erklären ganze Körper zu *Problemzonen* und denken sich ständig neue Schmähungen aus: *Reiterhosen, Muffin Top, Armpit Vulva, Man Boobs, Hip Dips, Winkfett*. Natürlich immer serviert mit den Anleitungen und Anzeigen, wie diese loszuwerden sind.

Auch die ideale Form wird mit nutzlosen Neuschöpfungen begehrlicher gemacht. Darf ich ohne den richtigen *Bikinibody* eigentlich an den Strand? Sind wir ohne Lücke zwischen den Oberschenkeln (*Thigh Gap*) wirklich «dünn»? Und ohne *Bikini Bridge* (wenn im Liegen zwischen Bikinihose und Bauch Luft bleibt)? Die Challenge-Kultur auf Social Media brachte uns in den letzten Jahren noch mehr dieses Unsinns: User:innen treten gegeneinander in der A4 Waist Challenge, der Collarbone Challenge oder der Belly Button Challenge an – nur wer diese quatschigen Vorgaben erfüllt, ist wirklich *«skinny»*. Gemein haben sie alle, die positiven wie negativen, dass sie körperliche Individualität ignorieren und vorgeben, wir alle müssten in eine, sehr enge, Schablone passen. Die zuweilen verniedlichenden Bezeichnungen verharmlosen dabei, wie schädlich diese Sprechweise ist, wie verletzend und traumatisierend.

Ich habe das oft selbst erfahren, so oft, dass ich eigentlich wissen sollte, wo die Grenzen liegen. Aber ich ertappe mich ständig dabei, in Diet Talk zu verfallen. Das loszuwerden und eine neue, eine inklusive und neutrale Sprache zu finden, ist aktive Arbeit. Dabei hilft mir, mich mit Freund:innen abzusprechen, bewusst zuzuhören und uns gegenseitig wissen zu lassen, wenn Aussagen problematisch sind. Mittlerweile genügt oft schon eine hochgezogene Augenbraue. Wir erkennen, dass oft keine Absicht, erst recht keine böse, dahintersteckt, sondern wir diese Art, über Körper zu sprechen, so verinnerlicht haben, dass sie oft schlicht das Erste ist, was uns einfällt. Ihre Wirkung, gute Absicht oder nicht, ist dennoch verheerend genug, um Energie zu investieren, das zu ändern.

Je länger ich über Sprache nachdenke, desto problematischer kommt mir der populäre Begriff der *Body Positivity* vor. Wieso trauen wir uns nicht, das Wort fett-positiv zu verwenden? Ich bin nicht die Erste, die diese Kritik äußert – eine Konsequenz aus dem sehr vagen *body positive* ist, dass die Bewegung, die von Schwarzen Frauen initiiert und vorangetrieben wurde, von schlank gelesenen, oft weißen Frauen übernommen wurde.

Was heißt in dem Zusammenhang «positive»? Muss ich meinen Körper jeden Tag megageil finden, um dabei sein zu können? Wollen wir nicht lieber daran arbeiten, dass die Körperform keinerlei Relevanz mehr hat?

IV

Meine Vorfahren und Vorbilder

> Anstatt unsere Ener-
> gie ins Nachdenken zu
> stecken, wie wir die
> Welt verbessern kön-
> nen, sind wir davon
> besessen, wie wir
> unsere Körper ver-
> ändern können.
>
> **Lindo Bacon**

D as Selbstbewusstsein, das ich heute habe, basiert auf der unermüdlichen, ermunternden Arbeit dick_fetter trans, cis und non-binary Personen. Dank ihrem Aktivismus gelang es mir, mich von meiner eigenen Fettphobie zu befreien. Nicht nur haben sie mir geholfen zu verstehen, was mit meiner eigenen Idee von Dicksein falschläuft. Ohne sie hätte ich meinen eigenen, gestörten und hasserfüllten Blick auf mich selbst und dick_fette Menschen nicht abbauen können. Sie nähren meine Selbstakzeptanz und erweitern meinen Horizont jeden Tag.

Sie haben mir auch bewusst gemacht, dass mein Blick auf das

Thema zwangsläufig eingeschränkt ist – ich bin für viele (zu) dick, aber weder muss ich mir Gedanken machen, ob der Sitzgurt im Flugzeug zu kurz ist oder der Stuhl im Restaurant stabil genug. Meine Erfahrung als dicke Frau ist limitiert, weil ich in der Kategorie des sogenannten «acceptable fat» lebe. Manche finden mich «rundlich» oder «curvy», nicht dick. Für die bin ich noch irgendwie okay. Die Welt hält meinen Körper gerade noch so aus und genügend Möglichkeiten für mich bereit. Es geht nicht allen so.

Zudem bin ich weiß, cis-gender, hetero und habe keine sichtbare Behinderung. Viele Aktivist:innen sagen genau das Gleiche wie ich, aber ihnen wird weniger zugehört, weil ihre Körper größer oder ihre Hautfarbe dunkler ist. Ich dagegen entspreche oft gerade noch so gesellschaftlichen Erwartungen, und wegen dieses Privilegs wird meinen Aussagen und Forderungen mehr Verständnis entgegengebracht. Meinen Körper halten viele für nicht so bedrohlich, das macht meine Stimme lauter als andere.

Ich will denen, von deren Arbeit ich so profitiert habe, meinen Respekt erweisen, indem ich ihnen in diesem Buch einen Platz gebe.

Und ich will dir als Leser:in eine Liste von interessanten Accounts geben, die du benutzen kannst, um dich inspirieren zu lassen und deinen eigenen Social-Media-Feed zu diversifizieren. Unsere Sehgewohnheiten sind oft überraschend eingeschränkt und können hartnäckig sein. Auch für mich war es wichtig, mein Auge an dick_fette Körper zu gewöhnen, indem ich ihnen Raum in meinem täglichen Konsum gebe. Bis dahin fanden dick_fette Menschen für mich kaum statt. Wenn ich an die 1990er und 2000er denke, kommen mir die ultradünne Kate Moss genauso wie Paris Hiltons unmöglich tiefgeschnittene Hüftjeans in den Sinn, die ihre hervorstehenden Kno-

chen betonen sollte. Aber natürlich hatten auch so großartige
Frauen wie **Missy Elliott, Queen Latifah** und **Jill Scott** Prä-
senz. Es waren die Jahre von **Beth Ditto**, der Sängerin der
Band *Gossip*, deren radikale Selbstakzeptanz in ihren Nackt-
covern für die Magazine *NME* und *Love* Ausdruck fand und die
wegen ihrer Exzentrik schnell zum Darling der Modebranche
wurde. Jedoch verstand ich schnell, dass sie eine klare Ausnahme war, die akzeptiert wurde, um den normierten Main-
stream interessanter zu machen. Davon, dass es eine richtig-
gehende Bewegung gab, die sich bemühte, Diskriminierungen
aufgrund der Körperform zu bekämpfen, hatte ich damals keine
Ahnung.

Zurück geht die organisierte «Fat Acceptance»-Bewegung auf
den revolutionären Geist der 1960er Jahre. In den USA beginnt
es mit «Fat-ins» im New Yorker Central Park, bei dem dick_fette
Menschen zusammenkommen, um zu essen, protestieren und
Diätbücher zu verbrennen. Llewelyn Louderback schreibt 1970
einen Artikel mit der Headline *More people should be fat* und
bringt kurz darauf sein Buch *Fat Power: Whatever You Weigh
Is Right* heraus. «The Fat Underground», eine feministische
Organisation in Los Angeles, publiziert 1973 ihr *Fat Liberation
Manifesto*, geschrieben von zwei Köpfen der Bewegung, Judy
Freespirit und Sara Golda Bracha Fishman. Ihr Ziel war, diskri-
minierendes Gedankengut zu bekämpfen, sie forderten so bahnbrechende Dinge wie Respekt und Anerkennung für dick_fette
Menschen. Dass sie alle den Begriff «fat» und nicht die Begriffe
«obese» oder «overweight» verwendeten, ist wichtig. Anstatt
einer medizinischen Diagnose zu folgen oder zu implizieren,
dass es ein Idealgewicht gäbe, eigneten sie sich ein Wort an,
was lange gegen sie verwendet wurde und immer noch wird.
Ihre Forderungen und Logiken sind bis heute relevant. Als die

Sängerin der Mamas and Papas, Cass Elliot, starb, waren sie diejenigen, die auf ihre Diskriminierung als dick_fetter Person hinwiesen. Die Medien verbreiteten reißerisch, sie sei an einem Schinkensandwich erstickt, jedoch ist ihr Tod eher auf die jahrelange Nutzung dubioser Abnehmpillen zurückzuführen. Wenige Jahre zuvor hatte sich die bis heute aktive und einfluss-reiche *National Association to Advance Fat Acceptance*, NAAFA, gegründet. Susie Orbachs bekanntes Buch *Fat is a Feminist Issue* erschien auch schon 1978 in Großbritannien – ihre Bot-schaft stieß auf offene Ohren: Frauen stehen unter steigendem Druck des Patriarchats, einem bestimmten, für die meisten unerreichbaren Schönheitsideal zu entsprechen, dieser Druck führt zu einem gestörten Verhältnis zum Essen. Was heute so naheliegend klingt, war damals eine bahnbrechende Erkenntnis. Carole Shaw gab seit 1979 die Zeitschrift *Big Beautiful Women* (*BBW*) heraus, eines der ersten Mode- und Lifestyle-Magazine für dick_fette Frauen, das bis Ende der neunziger Jahre in Print und dann bis 2015 online erschien. Auch Naomi Wolf diskutiert Diäten 1990 in ihrem Buch *The Beauty Myth* (schon 1993 auf Deutsch als *Der Mythos Schönheit* bei Rowohlt erschienen) und erweitert Orbachs Argument:

> «Wenn eine Kultur auf weibliche Schlankheit fixiert ist, geht es nicht um weibliche Schönheit, sondern um weib-liche Unterwerfung. Diäthalten ist das wirksamste poli-tische Sedativum der Geschichte der Frauen; eine latent verrückte Bevölkerungsgruppe ist eine lenkbare Bevöl-kerungsgruppe.»

Ende der Neunziger erschien **Marilyn Wanns** *Fat? So! Because You Don't Have To Apologize For Your Size!*, das auf ihrem gleichnamigen Zine beruhte, das schon seit 1994 erschien. Darin identifiziert sie die Angst vor dem Fett als die größte Angst der Amerikaner. Zur gleichen Zeit entstanden die ersten Fat Studies an amerikanischen Universitäten.

Ende der Nullerjahre kommt in der Popkultur ein spürbarer Wechsel in Gang. 2009 erscheint der Film *Precious*, basierend auf dem Roman *Push* von Sapphire von 1996, heraus, der die großartigen **Gabourey Sidibe** und **Mo'Nique** zu Stars macht. **Kate Harding** und **Marianne Kirbys** *Lessons from the Fat-o-Sphere, Quit Dieting and Declare a Truce with Your Body*, in denen die Bloggerinnen sich für *Health at Every Size* aussprechen, erscheint 2009. 2011 kommt die kurze Dokumentation *The Fat Body (in)visible* mit den Body-Acceptance-Aktivistinnen **Keena Bowden** und **Jessica Jarchow** heraus. 2014 organisiert **Juicy D. Light** einen Fat-Flashmob in San Francisco. Ab Mitte der 2010er kommt so richtig Fahrt in die Bewegung, und es erscheinen viele wichtige Bücher zum Thema. Zum Beispiel **Jes Bakers** erstes Buch, *Things No One Will Tell Fat Girls: A Handbook for Unapologetic Living*, ihr folgender Bestseller *Landwhale: On Turning Insults Into Nicknames, Why Body Image Is Hard, and How Diets Can Kiss My Ass* kommt 2018 auf den Markt.

Im gleichen Jahr schreibt **Virgie Tovar** in *Hot & Heavy: Fierce Fat Girls on Life, Love & Fashion*:

> «**Mein Fett ist politisch, denn wenn ich es zeige, scheint es einige Leute wirklich wütend zu machen. Mein Fett ist politisch, denn ich behalte es. Mein Fett ist politisch, weil es verdammt heiß ist. Mein Fett ist meine Flagge, mein Anspruch auf Ruhm, meine Wunde aus dem Kampf, mein Abzeichen des geheimen Fette-Mädchen-Vereins.**»

Die deutsche **Gesellschaft gegen Gewichtsdiskriminierung** gründet sich 2005 und steht heute unter dem Vorsitz von **Natalie Rosenke**. Ihre klare Positionierung gegen gesellschaftliche Stigmatisierung dick_fetter Körper resultiert in Studien und politischen Initiativen. Derzeit streben sie eine Petition an, die Gewicht endlich als Merkmal in Antidiskriminierungsgesetzen aufnimmt. Bisher ist es rechtlich völlig unproblematisch, einer Person wegen ihrer Figur zu kündigen. Auch schon 2009 erscheint *Dick, doof und arm?* des Soziologen Dr. Friedrich Schorb, der genau analysiert, welche Geschäftemacherei hinter dem Diätwahn steckt und wie gefährlich die Gleichstellung von Gewicht und sozialer Klasse ist. Zwischen 2013 und 2015 war das queerfeministische Kollektiv **Fat Up** in Berlin aktiv, und seit Mitte 2015 engagiert sich in Frankfurt die Gruppe **fetter_widerstand** mit Workshops, Vorträgen und Partys. Die Soziologin Eva Barlösius veröffentlicht 2014 *Dicksein – Wenn der Körper das Verhältnis zur Gesellschaft bestimmt*, in dem sie die Erfahrungen von dick_fetten Jugendlichen untersucht, die vor allem schildern, dass sie behandelt werden wie eine soziale Klasse – die Klasse der Dicken.

Das erste deutschsprachige Beispiel für ein populäres Sachbuch, das sich mit dem Thema auseinandersetzt, ist von **Magda Albrecht** *Fa(t)shionista – Rund und glücklich durchs Leben*. Sie schreibt:

> **«Fatshion ist eher eine Lebenseinstellung als ein bestimmter Stil: Sie beinhaltet die Erkenntnis, dass es alle verdient haben, sich in ihrer Haut und Kleidung wohl zu fühlen. Und dazu gehört eine Auswahl an bezahlbarer Kleidung in allen Größen und Formen.»**

Unsere Erfahrungen sind sich sehr ähnlich, was nicht überraschend ist, da die Gesellschaft wenig kreativ in der Abwertung dick_fetter Menschen ist. Natürlich gab es hierzulande auch schon vorher (und nachher) Bücher von dick_fetten Frauen über ihr Dick_fettsein, aber akzeptierend oder gar optimistisch waren die selten.

Heute ist es schon acht Jahre her, dass **Lena Dunham** das erste Mal nackt in ihrer Serie *Girls* auftrat und damit unzählige Kommentare, entweder über ihren Mut oder ihre Dreistigkeit, erntete. Sie hat nicht nur meine Sehgewohnheiten ordentlich durcheinandergewirbelt, sondern sorgte mit ihrer Darstellung für eine anhaltende Diskussion über Körpernormen und Schönheitsstandards. 2018 spielte **Joy Walsh** die Hauptrolle in *Dietland*, basierend auf dem Roman von **Sarai Walker** (2015), und 2019 wurde **Lindy Wests** *Shrill* (2016) mit **Aidy Bryant** fürs TV umgesetzt:

> **«Als Frau wird mein Körper geprüft, überwacht, und behandelt, als wäre er ein Allgemeingut. Als fette Frau wird mein Körper außerdem verspottet, unverhohlen verschmäht und mit moralischem und intellektuellem Versagen gleichgesetzt. Mein Körper beschränkt meine Jobaussichten, meinen Zugang zu medizinischer Versorgung und fairen Verfahren und – da sind sich Hollywood-Filme und Internet-Trolle einig – mein Vermögen, geliebt zu werden. Wenn eine dünne Person eine fette fragt, ‹Woher nimmst du dein Selbstbewusstsein?›, ist die Botschaft also, ‹Du musst irgendein Alien sein, denn wenn ich aussehen würde wie du, würde ich mich ins Meer schmeißen›.»**

Mit der neuen Popularität des Themas erscheinen auch Bücher nicht weißer Menschen auf dem Mainstream-Markt. 2017 erscheint **Roxane Gays** *Hunger. A memoir of (my) body*:

> **«Ernst sagt Oprah in noch einem Werbespot: ‹In jeder übergewichtigen Frau steckt die Frau, von der sie weiß, dass sie sie sein kann.› Das ist eine beliebte Vorstellung, die Idee, dass die Fetten unter uns eine dünne Frau in sich drin tragen. Jedes Mal, wenn ich diese Werbung sehe, denke ich, ich habe diese dünne Frau gegessen, und sie war lecker, aber unbefriedigend. Und dann denke ich darüber nach, wie beschissen es ist, die Idee zu bewerben, dass unser wahrstes Selbst eine dünne Frau ist, die sich in unseren fetten Körpern versteckt wie ein Hochstapler, ein Eindringling, ein Unrecht.»**

Und 2018 **Sonya Renee Taylors** *The Body is not an apology – The Power of Radical Self-Love*, basierend auf ihrer Online Community mit dem gleichen Namen:

> **«Wenn unser eigener Wert davon abhängt, dass andere Körper weniger wert sind, ist radikale Selbstliebe unerreichbar.»**

Es gibt noch eine ganze Reihe weiterer Schauspielerinnen, Musikerinnen und Comedians, die mich sehr beeindrucken. Endlich leben wir in einer Welt, in der es zu viele tolle Frauen und Femmes* außerhalb der Dünn-Norm gibt, um sie hier alle

---

* Einfach gesagt: «Femme» ist die Beschreibung einer queeren Person, die sich in einer traditionell als feminin verstandenen Art präsentiert und verhält. Es kann eine cis Frau beschreiben, genauso wie eine trans Frau oder eine non-binary Person.

aufzulisten: **Beanie Feldstein** aus Lady Bird, die mit ihrer jungen Art stellvertretend für eine neue, normalisierte Körperdiversität steht, **Nicole Byer**, die Host von *Nailed It!*, die gerade erst ihr Bikini-Foto-Buch *Very Fat, very brave* herausgebracht hat, und **Chrissy Metz**, die in *This is Us* leider die typische, unglückliche Dicke-Rolle abbekommen hat. Die Comedy-Auftritte von **Dulcé Sloan**, **Retta** (du kennst sie außerdem aus *Parks & Recreation*) und **Sofie Hagen** (schau dir ihr Buch *Happy Fat: Nimm dir deinen Platz!* an!) haben mir schon manchen schlechten Tag verschönert.

Im Herbst 2013 registrierte ich meinen Account auf Instagram, hauptsächlich um einen Berliner zu beeindrucken. Nachhaltige Mode, Designer aus Hamburg und Interior (das meiner Wohnung) waren zunächst der Fokus, auch, um mich langsam wieder ans Arbeiten zu gewöhnen. Zu diesem Zeitpunkt war ich bereits über ein Jahr wegen meines Burnouts krankgeschrieben. Erst viel später begann ich, sogenannten «body positive»-Accounts zu folgen – die ersten waren **Megan Jayne Crabbes** @bodyposipanda und **Jessamyn Stanleys** @mynameisjessamyn. Megans Buch *Body Positive Power* ist ein Bestseller:
«Ich wünsche mir diese Zeit zurück. All die Zeit, in der es darum gehen sollte, die Welt und mich selbst zu entdecken, wurde darauf verschwendet, mich kleiner und kleiner zu machen. Stell dir vor, wir würden alle aufhören, so viel Energie in den Versuch zu stecken, unsere Körper zu verändern. Wir könnten alles machen, wovon wir träumten. Wir könnten alles erreichen. Wir könnten Sachen hinkriegen.»
Jessamyn hat unbeschreiblich viel dazu beigetragen, die Idee, wie ein fitter Körper auszusehen hat, zu reformieren. Ich kann mich nicht daran erinnern, vor ihr eine dicke, Schwarze Frau beim Yoga gesehen zu haben. Ihre Videos und Fotos zei-

gen mir immer wieder, dass der Bauchumfang nichts über sportliche Fähigkeiten aussagt. Genauso geht es mir mit Lizzo @lizzobeeating und ihren kraftvollen Bühnenperformances und sexy Selfies.

Social Media hier als Allheilmittel aufzuführen, wäre natürlich Quatsch – viel populärer als alle körperdiversen Accounts zusammen sind jene von Models, die ihre dünnen Körper mit Facetune je nach aktueller Mode optimieren. Die Firma hinter Instagram, heute also Facebook, hat nichts dazu beigetragen, ihren Content zu diversifizieren. Mehr noch: Konten, die nicht den weißen, schlanken, normschönen Kriterien entsprechen, werden weniger angezeigt und bei Beschwerden schneller gelöscht. Ja, Instagram und die Propaganda unrealistischer Körperideale für kommerzielle Ziele (nämlich Abnehm-Lollis und Work-out-Programme verkaufen) hat vieles, was ohnehin schon schlecht war, noch schneller verbreitet. Aber in den Nischen zwischen überfilterten Beautyidolen und unbarmherzigen Fitnessmodels wuchs eben auch eine Community aus früheren Außenseiter:innen, die sich hier gegenseitig feiern und supporten konnten.

Ebenfalls schon sehr lange folge ich **Kenzie Brenna** @kenzie brenna, **Megg Boggs** @megg.boggs und **Tess Holiday** @tess holiday. Ich liebe den Style von **Enam Asiama** @enamasiama, **Gabi Gregg** @gabifresh, **Leah Vernon** @lvernon2000 (und ihr Buch *Unashamed: Musings of a Fat, Black Muslim*), **Scottee** @scotteeisfat, **Stacey Louidor** @hantisedeloubi, **Stephanie Yeboah** @stephanieyeboah (auch sie hat ein Buch geschrieben: *Fattily Ever After: A Fat, Black Girl's Guide to Living Life Unapologetically*) und **Victoria Welsby** @fierce.fatty (ihr Buch heißt *Fierce Fatty: Love Your Body and Live Like The Queen*

You Already Are). Richtig viel gelernt habe ich von **Ericka Hart** @ihartericka, **Ijeoma Oluo** @ijeomaoluo (ihr bekanntestes Buch heißt *So you want to talk about race)*, **Rachel Cargle** @rachel.cargle, **Sonalee Rashatwar** @thefatsextherapist, **Your Fat Friend** @yrfatfriend, und **Chidera Eggerue** @theslum flower (#saggyboobsmatter! und natürlich ihre Bücher *What a time to be alone* und *How to get over a boy)*. Dank meiner Island-obsession folge ich **Isold Halldorudottir** @isoldhalldorudottir schon richtig lang. Bei meiner dritten Reise nach Island stand ich dann plötzlich zufällig vor ihr, sie war die Verkäuferin in dem Buchladen, in dem ich einen Reiseführer kaufen wollte. Seither sind wir in Kontakt und haben sogar schon zusammen-gearbeitet.

Nicht unerwähnt dürfen die vielen deutschsprachigen Accounts bleiben: Folgt der Musikerin **Alina** @alinaoffiziell, ihre wunder-bare und mitreißende Singstimme durfte ich bereits bei mehre-ren Veranstaltungen bewundern. Bei Instagram zeigt sie sich in Bikinis und farbenfrohen Kleidern. Die Sportlerin **Anna Sto-mosis** @missannastomosis zeigt neben ihren beeindruckenden Powerliftingposts sexy Fatshion. Die Medien- und Performance-Künstlerin **Barbis Ruder** @barbisruder gibt einen Einblick in ihre Arbeiten, in denen ihr Körper stets Teil oder Zentrum ist. Model und Art-Direktorin **Charlotte Kuhrt** @charlottekuhrt postet unentwegt ein phantastisches Outfit nach dem anderen, ich stand mit ihr für eine Kampagne für *Phylyda* unter dem Titel «Let's celebrate each other» vor der Kamera. Model und Stylis-tin **Ismahan Ahmed** @isiqu ist «your favorite halal girl», wie sie selbst in ihrer Instagram-Bio schreibt. Die Poetin und Päda-gogin **Emilene Wopana Mudimu** @black_is_excellence schafft es mit ihren Instagram Captions in Gedichtform immer wieder, mich zu berühren, außerdem trägt sie die tollsten Kleider in knalligsten Farben und Mustern. Die scharfsinnigen Artikel und Kolumnen von **Hengameh Yaghoobifarah** @habibitus machen mir jedes Mal wieder große Freude, darüber hinaus ist Hengameh das coolste Model des *KaDeWe*s – folgt Hengameh auch bei Twitter. Die Künstlerin **Julischka Stengele** @fatfemmefurious beschreibt sich selbst als «unapologetically fat, queer and femme/inist» und setzt sich kritisch mit der medialen und realpolitischen Entwertung derjenigen auseinander, die dem derzeit erwünschten Leistungsbegriff nicht entsprechen. Der sanften Stimme der Sängerin und Songwriterin **Kelly** @kelly akakelzz könnte ich stundenlang zuhören, ihre Lebensfreude leuchtet auf jedem einzelnen Foto. **Layana Flaxx** @layanaflaxx ist eine hervorragende #blackmakeupartist, und ich liebe ihre Ballett-Videos. Die Worte der Poetin **Lahya Aukongo** @lahya_ aukongo sind eine solche Bereicherung. Influencerin **Luciana Blümlein** @luziehtan kenne ich seit der ersten *Phylyda*-Kampagne. Ich bin immer wieder beeindruckt von den vielen tollen Looks, die Lu zeigt. Vom Kollektiv **Wir Müssten Mal Reden** @wirmuesstenmalreden durfte ich viel über Fettfeindlichkeit und Gewichtsdiskriminierung lernen, darüber hinaus macht es kostenlose Bildungsarbeit über Themen wie Rassismus und Intersektionalität.

Ich freue mich unheimlich, dass drei wichtige, deutsche Aktivist:innen zugestimmt haben, mit Interviews Teil dieses Buches zu sein. Ihre Perspektive ist für mich so wertvoll, und ich schätze ihre Großzügigkeit, mit der sie ihr Wissen teilen. **Christelle Nkwendja-Ngnoubamdjum** @nkweeny lernte ich bei der Veranstaltung «#was_ich_will Empowerment in Sozialen Netzwerken» des Frankfurter *Zentrum für Ess-Störungen* kennen, wo wir als Speakerinnen eingeladen waren. Von ihrer herzlichen, warmen Ausstrahlung war ich sofort begeistert.

Aus ihren Beiträgen durfte ich viel über ihre Erfahrungen als Schwarze Frau in einer rassistischen Welt lernen. Im Interview erzählt sie davon, wie Fettfeindlichkeit ihr Leben und ihre Freund:innenschaften geprägt hat. **BodyMary** @bodymary folge ich schon lange – die persönlichen Texte und Fotos berühren mich immer wieder sehr. BodyMarys unermüdliche Arbeit für die Gesellschaft gegen Gewichtsdiskriminierung, in Workshops und Vorträgen, treibt die Diskussion maßgeblich. Und schließlich **SchwarzRund** @schwarzrund, Autor:in, Künstler:in und Aktivist:in aus Berlin, deren Worte und Perspektiven stetig meinen Horizont erweitern. Der dekoloniale Ansatz vervollständigt die Diskussion, ohne ihn können wir nicht über Fettfeindlichkeit sprechen. Das wird in den folgenden Interviews klar.

«Die Liebe für meinen Schwarzen, fetten Bauch»

Interview mit Christelle
Nkwendja-Ngnoubamdjum
@nkweeny

**Wie bist du zum Fettaktivismus
gekommen?**

Schon seit meiner Teenagerzeit war ich in Schwarzen Bewegungen involviert, so konnte ich früh ein positives und stärkendes Schwarzes Selbstbild erschaffen. Eine Bekannte lud mich dann 2016 zu einem Treffen der fettaktivistischen Gruppe fetter_widerstand in Frankfurt ein, so begann meine Auseinandersetzung mit körperpolitischen Themen sowie mit meinem eigenen Körper. Als ich die Einladung bekam, dachte ich erst, wow, so was gibt's?! In meinen Freund:innenschaftsgruppen war ich eine der ganz wenigen mit einem großen Körper. Es hat mich sehr neugierig, aber auch total nervös gemacht, in eine Gruppe von Menschen zu gehen, mit denen ich diese Erfahrung teile. Ich konnte nicht absehen, was da auf mich zukommt.

Zu dieser Zeit hatte ich gerade begonnen, mich von meiner eigenen, internalisierten Fettfeindlichkeit zu lösen. Mein Selbstbild war ziemlich toxisch, und ich habe viel Sport gemacht, weil ich abnehmen wollte, um attraktiver zu erscheinen. Der Mann, mit dem ich bis kurz vorher in einer Beziehung war, hatte immer wieder zu mir gesagt, ich solle fitter werden. Was er damit meinte, war mir klar. Er hatte mich mit einem großen Körper kennengelernt, kam aber irgendwann nicht mehr damit klar. Ich war so bestrebt, geliebt und begehrt zu werden, dass ich versuchte, so viel es geht zu joggen, zu walken, Rad zu fahren. Ich habe die

Excel-Tabelle, die er mir angelegt hatte, gewissenhaft ausgefüllt, keine Sneaker getragen, weil er meinte, dieser sportliche Look würde nicht zu einem großen Körper passen, und bestimmte Kleidungsstücke vermieden, weil er fand, da könnte man meine Fettpölsterchen besonders sehen. Über jedes Lob von ihm, wenn ein paar Kilo runter waren, hab ich mich gefreut. Die Vorstellung, die er davon hatte, wie ich sein sollte, prägte sich mir fest ein. Ich habe Zeit gebraucht zu erkennen, wie zerstörerisch das war und wie sehr seine Ansichten und Verhaltensweisen dem entsprachen, was auf gesamtgesellschaftlicher Ebene von hochgewichtigen Menschen gedacht wird. Auf der anderen Seite hat dieser Tiefpunkt ausgelöst, dass ich meinen Körper wieder für mich zurückgewinnen musste und wollte. Ich musste ihn erst mal wieder fühlen lernen und mich ganz neu mit mir befassen. Zu dem Zeitpunkt kam die Einladung zum Fetten_Widerstand.

Das erste Treffen war im Wohnzimmer einer Person aus der Gruppe. Die Erfahrungen von anderen zu hören und zu merken, wie sehr sie meinen ähneln, war krass. Ich habe gemerkt, ich bin nicht allein. Das war ein schöner Space. Gleichzeitig wusste ich, dass ich zwar ähnliche Geschichten erlebt habe, aber bei mir eine weitere Komponente dazukommt: mein Schwarzsein. Da verstand ich, dass mein großer Körper und mein Schwarzsein verbunden sind. Ich kann nicht unterscheiden, ob etwas rassistisch ist *oder* fettfeindlich. Das geht immer zusammen. Diese intersektionale Ebene ist mir wichtig. Themen, die mich und andere Schwarze Körper betreffen, bekommen eine andere Aufmerksamkeit als jene, die weiße Körper betreffen. Oft passiert das sehr viel später, manchmal gar nicht.

Hast du da schon einmal eine Situation erlebt, die dir das verdeutlicht hat?

Während meines Studiums bewarb ich mich für einen Job am Empfang eines Unternehmens. Nach einem Probetag, der gut gelaufen war, saß ich bei der Chefin im Büro. «Sie sind ganz wundervoll, Sie würden so gut zu uns passen, und am Telefon sind Sie klasse!» Irgendwas sagte mir schon, da kommt ein Aber. Mit einem Lächeln fuhr sie fort: «An den Empfang können wir Sie nicht setzen, wegen Ihres Aussehens und Ihrer Statur, da könnten Sie auf Kund:innen bedrohlich wirken. Wir möchten Sie gern im Backoffice beschäftigen, natürlich können Sie auch in die Küche und sich einen Tee oder Kaffee holen, das ist kein Problem. Zu den vorgeschlagenen Arbeitszeiten ist ohnehin kaum Kundenverkehr.» Sie lächelte noch immer. Ich war total baff. Ich wusste gleich, dass es rassistisch gemeint war, aber was meinte sie mit «Ihrer Statur»? Weil ich dick war, war ich nicht repräsentativ? Ich wusste nicht, was ich sagen sollte, außer «okay». Die Tränen schossen mir in die Augen. Sie meinte, sie meldet sich, ich verabschiedete mich und ging.

Draußen vor der Tür hab ich geweint. Nichts an dem Kommentar war für die Frau problematisch, sie sagte es in der Überzeugung, dass ich das verstehen würde. Und immer wieder betonte sie, wie wunderschön meine Stimme sei.

Das war auf so vielen Ebenen falsch. Meine Körperform und mein Schwarzsein als Bedrohung zu bezeichnen, war so krasser anti-Schwarzer Rassismus. Dazu war es sexistisch und fettfeindlich, alles in einem. Ich konnte nicht auflösen, was davon schlimmer war, was mehr weh tat. Ich konnte diese Ebenen nicht unterscheiden, weil sie gleichzeitig wirkten. Das ist die intersektionelle Komponente, die für mich dazukommt.

**Wie ging es nach dem ersten Kontakt mit
Fettaktivismus für dich weiter?**

Nach dem Treffen in Frankfurt begann ich, mich einzulesen und
nach YouTube-Videos zu suchen. Ich wollte Menschen finden, die
über ihr Fettsein und ihr Schwarzsein sprechen. Ich konnte Par-
allelen zu mir und meiner Geschichte ziehen und merkte langsam, dass das ein Thema war, von dem ich zwar wusste, dass
es existiert und mich betrifft, dass ich aber bis dahin nicht an-
fasste.

Als ich so zehn Jahre alt war, wurde mir wirklich bewusst
gemacht, dass mein Körper größer ist als der von anderen. Ich
wuchs sehr schnell, mein Körper veränderte sich, ich hatte schon
damals Schuhgröße 40/41. Aber erst in der Auseinandersetzung
mit dem Thema Fettakzeptanz konnte ich viele toxische Gedanken, die ich bis dahin hatte, aufarbeiten: Warum sagt mir eine
innere Stimme, ich solle Sport machen, auf meine Ernährung achten, abnehmen und attraktiver für andere werden? Wieso habe
ich so einen Drang nach Optimierung? Was bedeutet Optimierung
überhaupt? Ich begann, diese Fragen zu stellen, diese Gespräche
zu führen. Mit mir selber, mit Menschen in meinem unmittelbaren
Umfeld und mit Videos und Texten. Dank der Expertise und Erfahrungen anderer Menschen, die sich schon länger damit beschäftigen, konnte ich lernen, mich anders zu sehen und meine toxischen Ideen abzubauen.

Die Gruppe fetter_widerstand hat viel getan, um eine Öffent-
lichkeit für Fettaktivismus in Frankfurt zu schaffen. Aktivismus
in dem Bereich ist oft schwierig, weil immer gleich die Gesund-
heitspolizei kommt und maßregelt. Die Gruppe hat auf dem
Frauenkampftag gesprochen, Performances beim Anti-Diät-Tag
veranstaltet und Vorträge gehalten. Wir haben eine «Fette Klei-
dertauschparty» organisiert, es war toll, dort endlich mal Kleidung zu finden, die auch mir passt. In ganz Frankfurt haben wir

Sticker mit Stencils von uns geklebt, vor allem an Orten, die uns sonst nicht im Fokus haben.

Einen großen Schritt in Richtung Schwarzer, fettaktivistischer Positionierungen machte ich, als ich auf den Instagram-Account von BodyMary gestoßen bin. Die Texte sprachen mich direkt an, also habe ich BodyMary angeschrieben. Meine Aktivität auf Instagram hatte mir gezeigt, wie wichtig es ist, sich mit Menschen, die ähnliche Erfahrungen machen, zu vernetzen und auszutauschen. Dank diesem ersten Kontakt habe ich viele weitere Schwarze, fett positionierte Aktivist:innen getroffen. Und dieser Austausch hat so viel in mir ausgelöst. Ich habe American Studies studiert, mit dem Schwerpunkt Black Studies und Gender Studies, und mir ist es wichtig, mich auch als Black Intersectional Feminist zu positionieren. Die Theorien und der Aktivismus von u. a. Kimberlé Crenshaw, Audre Lorde und Sonya Renee Taylor prägen mich. Zu verstehen, wie sich diese Theorien mit meiner alltäglichen Praxis, in der ich meinen fetten, Schwarzen Körper in einer weiß dominierten Gesellschaft navigiere, verbinden, ist von unschätzbarem Wert. Ich ziehe daraus sehr viel Selbstverständnis, es erklärt mir viel und zeigt mir, meine Erfahrung ist valide. Natürlich gibt es Situationen, in denen ich zweifle, aber ich kann mich darauf berufen, dass es eben keine individuelle Erfahrung ist, sondern ein strukturelles Problem ist. Das zu benennen und sichtbar zu machen, gibt mir die Energie weiterzumachen.

Seither thematisiere ich die Verbindung von meinem Schwarzsein und meinem Dicksein auch in meinem näheren Umfeld. Ich spreche direkt an, wenn zum Beispiel die Stühle in einem Café, in das meine Herzensmenschen wollen, schlecht sind, weil ich nicht draufpasse. Früher hätte ich versucht, heimlich einen passenden Stuhl zu finden, hätte mein Leid versteckt. Heute habe ich die Stärke zu sagen, dass ich im Auto lieber hinten sitze oder dass ich Angst habe, mit Flugzeugen zu reisen, weil die verdammt fettfeindlich sind. Ich muss nicht diejenige sein, die blaue Flecken hat, weil ich mich in den Stuhl klemme. Oder Muskelkater in den Oberschenkeln, weil ich auf einem blöden Klappstuhl sitze und versuche, mein Gewicht so zu balancieren, dass ich nicht runterkrache. Ich möchte die Menschen in meinem unmittelbaren und mittelbaren Umfeld dazu herausfordern, Fettfeindlichkeit und intersektionale Diskriminierungserfahrungen zu verurteilen und diese Form von struktureller Diskriminierung sichtbar zu machen.

Auch beim Shoppen schweige ich nicht mehr, sondern sage, Leute, Shoppen ist für mich meist keine «Halleluja-Experience» – es ist einer der größten Abfucks. Ich kann nicht einfach mit Freund:innen in einen Laden gehen und mit fünf vollen Tüten rauskommen (wenn es finanziell machbar wäre), denn meine Kleidergrößen sind im Einzelhandel kaum präsent. Mit dem Großteil meiner Herzensmenschen ist ein Kleidertausch auch nicht möglich. Denkt ihr an mich und andere Menschen, mit großem Körper, wenn ihr über Mode redet, sie zelebriert und macht?

Ich stelle Fragen: Für wen ist dieser Raum eigentlich gemacht? Wer kann an dieser Art des öffentlichen Lebens teilhaben? Das anzusprechen, verändert im besten Fall, wie dein Gegenüber die Welt wahrnimmt. Ich will mein eigenes Umfeld für meine Lebensrealität sensibilisieren und zeigen, welche Zugänge mir verschlossen sind. Ich kann mich jetzt in meinem Freund:innenkreis selbstverständlicher bewegen, weil sie es auf dem Schirm haben. Mein Körper ist ein Thema für mich und mein Umfeld, bloß lasse ich dieses Thema jetzt nicht mehr nur bei mir, sondern auch bei anderen. Ich bin vokaler geworden, ich will darauf aufmerksam machen, dass es Realitäten gibt, die von einer Mehrheit unsichtbar gemacht werden.

Wie gestaltest du deinen Aktivismus?

Ich musste erst mal dahin kommen, meinen Körper so sein zu lassen, so denken und fühlen und lieben zu lassen. Es ist kein linearer Prozess, es gibt Tage, an denen ich überfordert bin. Aber das ist okay, ich muss nicht jeden Tag denken, «Christelle, heute liebst du dich ganz arg, und wenn du dich heute nicht liebst, dann hast du alles falsch gemacht».

Stattdessen suche ich mir Menschen, die eine ähnliche Lebensrealität haben wie ich, und ziehe aus diesem Austausch Kraft. Zu BodyMary und Lahya Aukongo empfinde ich eine tiefe Verbundenheit in der Art, wie wir unser Schwarzsein und Fettsein leben und nicht in Frage stellen. Wir stärken uns jeden Tag aufs Neue in diesem Miteinander, damit wir durch diese Gesellschaft und alles, was sie mit uns macht, kommen. Das ist ein Teil meines inneren Aktivismus. Auch von Amalie Toyou habe ich viel gelernt und in Amalie eine Person gefunden, mit der ich mich verbunden fühle und Räume gestalten kann. Aber ja, es ist mir auch wichtig, nach außen hin präsent zu sein. Ich weiß, was für ein Geschenk es ist, von den Gedanken und Expertisen anderer zu lernen. Deswegen bedeuten mir meine Workshops, Vorträge und auch das Wirken auf Social Media viel. Ich hoffe, etwas zurückgeben zu können, indem ich meine Auseinandersetzungen sichtbar mache. Ich spreche über meine eigenen Erfahrungen, meinen Lernprozess und darüber, was das mit unserer gesellschaftlichen Struktur zu tun hat. Deshalb ist das, was ich mache, Storytelling: Ich erzähle Geschichten von meinem Körper und meiner intersektionalen Erfahrung. Damit positioniere ich mich auch in der Schwarzen Tradition der oralen Überbringung von Wissen und Historie.

Menschen mit großen Körpern werden unsichtbar gemacht, und Schwarze Menschen mit großem Körper noch mehr – trotz unserer Hypervisibilität –, und das macht Aktivismus anstrengend. Ich falle so sehr auf, aber dennoch wird meine Perspektive oft ignoriert. Social Media ist deshalb ein wichtiges Instrument, gerade für Schwarze und mehrfach marginalisierte Körper. Dort kann Sichtbarkeit geschaffen werden, und es ist wichtig, das zu unterstützen. Wem folge ich, was like ich? Wessen Botschaften teile ich? Wie sieht mein Feed aus, und was sagt das über mich? Wir können selbstverantwortlich entscheiden, wen wir unsichtbar machen und wen wir supporten. Damit können wir uns der Unsichtbarmachung ein Stück weit entgegenstellen. Gerade Personen des öffentlichen Lebens mit einer hohen Follower:innenschaft, Werbedeals, Jobangeboten und regelmäßigen Interaktionen könnten da immer einen Privilegiencheck mehr machen und schauen, wie sie Allies werden können.

Der Hashtag #BlackFatBellyLove, den BodyMary eingeführt hat, fasst so vieles gut zusammen. Mein Schwarzer, fetter Bauch ist ein Symbol für die Liebe, für meine Erfahrungen und Körperwissen. Er ist Widerstand. Er ist radikal und immer politisch, weil aufgrund meines Schwarzen, fetten Bauches so viel verhandelt wird. Er selbst wird bewertet, auseinandergenommen, in der Luft zerrissen – aber er wird auch, und das ist meine Kraft, von mir geliebt. Ich darf ihm Platz machen und ihm in dieser Gesellschaft Platz geben, auch wenn sie das so nicht zulassen möchte und es ein immer wieder neuer Kampf ist. Bäuche sind so wichtig, und es ist mir so wichtig zu lernen, meinem zu vertrauen. Wenn mein Bauch mir kein gutes Gefühl gibt, dann ist es nichts Gutes, was passiert. Es ist eine Liebesgeschichte, mit allen Höhen und Tiefen, und manchmal ist sie kompliziert. Ich benutze den Hashtag sehr gern und immer wieder, weil ich normalisieren möchte, dass Black Fat Bellies eine Daseinsberechtigung haben.

Der Status quo hat nichts für mich und meine Siblings übrig, die mit ähnlichen, anderen und noch mehr Intersektionen leben. Aber ich muss das nicht allein durchstehen. Meine wundervolle

Community hilft mir dabei, wir teilen Wut, Trauer, Liebe und Lachen. Und ich freue mich über jede weitere verbündete Person, die in mein Leben tritt.

«Erst kam die Wut und dann der Aktivismus»

Interview mit BodyMary
@bodymary

Wie bist du zum Fettaktivismus gekommen?

Ich war 22 Jahre alt, als ich mir in den Kopf setzte, ein Kleid zu tragen. Als Kind sagte man mir, dass nur hübsche Mädchen Kleider tragen dürften. Dicke Mädchen tragen keine Kleider, denn dicke Mädchen sind nicht hübsch. Obwohl ich als Kind nicht dick war. Diese Glaubenssätze trug ich so lange mit mir herum. Aber wer hat mir das gesagt? Waren das nicht meistens Leute, die mich gar nicht kannten? Die gar nichts Gutes für mich wollten? Ich wurde wütend, denn ich liebte Kleider, ich wollte Kleider tragen, wieso sollte ich darauf verzichten? Für wen sollte ich mich einschränken? Also kaufte ich ein Kleid und übte ein Jahr lang vor dem Spiegel, dieses Kleid zu tragen. Das erforderte viel Mut, ich musste mich erst an mein eigenes Spiegelbild, an mich selbst im Kleid, gewöhnen. Es ist eine Arbeit, die bis heute nicht aufgehört hat. Ich fragte mich, auf was ich in all den Jahren noch verzichtet habe und warum? Nehmen wir ein anderes Beispiel: Ich liebe Schwimmen. Sport soll ich ja machen, denn ich bin dick. Aber gleichzeitig bekomme ich die Information, dass man mich nicht im Badeanzug sehen will. Obwohl mir alle sagen, dass ich Sport machen soll, erlebe ich im Schwimmbad und auch im Fitnessstudio so viel Diskriminierung. Als ich erkannte, dass ich nicht die Einzige bin, der es so geht, sondern so viele, vor allem weiblich gelesene Personen, von wildfremden Menschen gesagt bekommen, dass sie ihren Körper optimieren sollen, bin ich wütend geworden. Was ist das für eine Frechheit, einer Person zu sagen, dein Körper ist nicht korrekt? Das zeigte mir, dass ich kein Selbstbestimmungsrecht über meinen Körper habe, obwohl so getan wird, als sei Gleichberechtigung bereits erreicht. Als ich das verstand, wurde ich politisch. Erst kam die Wut und dann der Aktivismus.

Es begann also mit diesem Kleid. Mein Zugang zur politischen Arbeit kam über Fatshion, über meine große Leidenschaft für Ästhetik und der Feststellung, dass ich dazu kaum Zugang habe. Ich bin eine «small fatty», also am unteren Rand der Skala, aber dennoch ist meine Möglichkeit, mich mit Kleidung auszudrücken, limitiert. Der Markt für große Größen wird dominiert von schlechtem Design, schlechter Verarbeitung und schlechten Materialien, das alles bei höheren Preisen. Die meisten Mainstreammarken produzieren nur bis 42 oder 44, obwohl das der derzeitige Durchschnitt in Deutschland ist. Wir reden hier nicht über eine Minderheit, die Mehrheit trägt diese Größe. Gerade hat *H&M* entschieden, die Plus-Size-Kollektion aus dem stationären Handel zu nehmen, das heißt, man kann sie nur noch online bestellen. Da sieht man natürlich weder das Material noch die genaue Farbe und vor allem nicht den Schnitt, beziehungsweise wie die Kleider ausfallen. Große Körper haben unterschiedliche Formen, es ist nicht unmöglich, gutes Schnittdesign für sie zu machen, aber es ist komplex und mit einem höheren Kostenaufwand verbunden. Diese Arbeit machen viele Hersteller nicht, das heißt, die Kund:innen müssen verschiedene Größen, vielleicht vier pro Stück, bestellen. Aber viele Retailer haben die Regel, Kund:innen, die viel retournieren, zu sperren. Was machen wir also? Wir bestellen und behalten mehr, als wir wollen, und versuchen es anderweitig zu verkaufen, aus Angst, auch diesen Zugang zu verlieren. Ich lebe und arbeite in Berlin, und selbst hier, in der Hauptstadt, gibt es so wenige Modeläden, die für Menschen mit großem Körper zugänglich sind. Dabei geht es nicht nur um Kleidergrößen, son-

144

dern um den Eingang und die Wege im Geschäft, um größere Kabinen, Hocker, Toiletten usw.

Wie beeinflusst das deine Arbeit?

Seit 2014 arbeite ich als körperpositive Stylistin, ich fokussiere mich auf Menschen mit nicht normierten Körpern, aber bin offen für alle. Mit meinen Kund:innen mache ich eine Spiegelübung und habe bisher niemanden getroffen, der gesagt hat, ich finde alles super an mir. Das entsetzt mich. Das ist nicht nur ein Problem für marginalisierte Menschen, es betrifft alle. Selbst Heidi Klum, die mit ihrer Schönheit Geld verdient und eine Sendung macht, in der junge Mädchen miteinander in ihrem Aussehen konkurrieren und in der sie deren Vorbild ist, sagt, sie wäre mit ihrem Körper nicht zufrieden. Das ist so problematisch, und dieser Schmerz überall, dass so viele Menschen ihren Körper nicht als ihr Zuhause annehmen können, macht mich wütend.

Gleichzeitig zu meiner Arbeit als Stylistin fing ich an zu bloggen. Ich war zweimal im Jahr bei der *Berlin Fashion Week* und bei der Messe *Curvy is Sexy*. Dort lernte ich andere Plus-Size-Bloggerinnen kennen, und da wurde schnell klar, dass wir nicht nur über Mode, sondern über Politik reden. Seit 2018 arbeite ich mit Natalie Rosenke, der Vorsitzenden der *Gesellschaft gegen Gewichtsdiskriminierung e.V.* (GGG) zusammen, mache Sensibilisierungs- und Empowerment-Workshops für Gruppen und Einzelpersonen. In Deutschland ist das Merkmal Gewicht nicht als Diskriminierungsmerkmal anerkannt, demzufolge ist es nicht schützenswert, und ehrenamtliche, politische Organisationen bekommen keine Gelder. Die Refinanzierung dieser Arbeit ist deshalb ein großes Problem und die Anerkennung von Gewichtsdiskriminierung eines der wichtigsten Ziele der GGG. Wer die Arbeit der GGG unterstützen und sich informieren will, sollte den Newsletter der GGG abonnieren. Und wer kann, darf auch gerne spenden.

Durch die Corona-Pandemie verschärft sich diese Thematik, Menschen mit großem Körper werden besonders diskriminiert, wenn es zur Triage kommt. Wenn Ärzte entscheiden müssen, welche Patienten versorgt werden, fallen chronisch kranke, ältere und behinderte Menschen raus, genauso wie jene mit einem großen Körper. Viele Medien berichten, dass COVID-19 besonders Schwarze und People of Color betrifft, weil sie adipös sind. Dabei weggelassen wird, dass die betroffenen BIPoC (Black, Indigenous, People of Color) oft in risikoreichen Berufen im Niedriglohnsektor arbeiten, sich deswegen schlechter isolieren und versorgen können und schlechteren Zugang zu medizinischer Versorgung haben. Diese generelle Benachteiligung und der daraus resultierende schlechtere gesundheitliche Allgemeinzustand werden darauf verkürzt, dass Menschen mit großem Körper besonders betroffen sind.

Dr. Friedrich Schorb ist einer der wenigen, der in Deutschland zu diesem Thema arbeitet und darauf hinweist, dass es zwischen einem größeren Körper und einer höheren Sterblichkeit keinen Zusammenhang gibt. Entscheidend ist die sozio-ökonomische Situation und der Zugang zum Gesundheitssystem. Besonders die medizinische Diskriminierung spielt eine große Rolle – der Blick auf den großen Körper ist ein diskriminierender. Die Gesellschaft sieht Menschen mit großen Körpern, genauso wie chronisch kranke und behinderte Menschen, nicht als gleichwertig «gesund» an, deswegen werden ihnen weniger Ressourcen zuteil. Und weil jede:r weiß, wie größere Körper in der Gesellschaft behandelt werden, hat jede:r Angst, einen großen Körper zu bekommen. Das heißt, Gewichtsdiskriminierung betrifft uns alle. Die GGG will, dass Gewicht als Diskriminierungsmerkmal anerkannt wird, um genau dagegen vorzugehen. Wir brauchen dringend eine Anerkennung von Körperdiversität und damit auch ein neues Konzept von Gesundheit.

Gibt es weitere Problematiken im Gesundheitswesen?

Gerade wird diskutiert, welche Auswirkungen es hat, dass Adipositas gemeinhin als chronische Krankheit gilt und jetzt vom Bundestag auch als solche anerkannt wurde. Ist das jetzt ein Vorteil, weil es Menschen mit großen Körpern eventuell eine juristische Handhabe gegen Diskriminierung gibt? Oder verschlimmert es die Stigmatisierung? Adipositas ist schon jetzt häufig nur eine Blickdiagnose – ich schaue einen Körper an und lese ihn, ohne überhaupt eine Untersuchung zu unternehmen, als krank. Ich kenne kaum Menschen, welche die Diagnose Adipositas bekommen haben, bei denen Fettanteil und andere Vitalparameter gemessen wurden. Dabei kann die Gesundheit eines Menschen mittels vieler Werte bestimmt werden, Gewicht in Relation zur Größe ist kein Teil davon. Im schlimmsten Fall gehe ich wegen Beschwerden zum Arzt, der verzichtet auf eine Diagnose und sagt mir stattdessen: Reduzieren Sie Ihr Gewicht. Diese Gefahr, vom medizinischen Fachpersonal nicht ernst genommen zu werden, ist für Menschen mit großem Körper sehr real. Ich kenne so viele gewaltvolle Erfahrungsberichte, vor allem von Frauen. Stell dir vor, dein Brustkrebs wird nicht erkannt, weil angenommen wird, das sei nur «Fettgewebe». Die Initiative zur Anerkennung von Adipositas als chronischer Krankheit kam von der Pharmaindustrie und Chirurgen. Jetzt können die Kosten für operative Maßnahmen einfacher von den Krankenkassen übernommen werden. Magenbypass, Magenbänder und Magenverkleinerungen, also irreversible Verstümmelungen eines gesunden Organs, können jetzt als Standardvorgehensweise etabliert werden. Menschen mit großem Körper bekommen laufend von Ärzt:innen zu hören: Haben Sie schon mal an eine Operation gedacht? Ich selber hörte diesen Satz von meiner Frauenärztin, als sie mir die Hormonspirale entfernen sollte. Sie wusste nichts von mir, sie kannte meine Werte nicht, sie war keine Expertin auf dem Gebiet und fühlte sich dennoch imstande, mir so was vorzuschlagen? Diesen Satz zu hören, während einer so intimen Situation, in der viele Menschen besonders verletzbar sind, machte mich wütend und fassungslos. Ich ging mit ihr in ein Gespräch und erklärte ihr, was diese Aussage bedeutet, wie viel Gewalt da drinsteckt. Und dann sind Tränen geflossen, bei ihr. Sie erzählte mir, wie sie selber auf einem Kongress darauf angesprochen wurde, warum sie denn kein Vorbild für ihre Patient:innen sein wolle. Diese Frau fuhr seit dreißig Jahren Rennrad, aber hatte nun mal ein breiteres Becken. Sie schämte sich deshalb so sehr, sagte mir, sie hätte doch schon alles versucht, um abzunehmen. Ich saß also vor einer Ärztin, die mich gerade noch so gewaltvoll konfrontiert hatte und jetzt in Tränen ausbrach, weil die Worte, die sie an mich richtete, auch an sie gerichtet worden waren. Ich bin da nie wieder hingegangen. Am liebsten hätte ich ihr gesagt: Sie können keine gute Ärztin sein, bis Sie sich nicht mit diesen gewaltvollen Überzeugungen, die massiven Einfluss auf Ihre medizinische Expertise haben, beschäftigen. Der Bias im Gesundheitssektor gegen dicke Menschen ist massiv, es gibt keinen Menschen mit großem Körper, der dazu keine Geschichte hat. Dazu kommen Rassismus und Sexismus, das ist alles miteinander verbunden. Deswegen können die Lösungen dafür auch nur interdisziplinär und intersektional gefunden werden.

Es gibt kaum etwas, das ich im Gesundheitssystem noch nicht erlebt oder gehört habe. Es fing damit an, dass der Entbindungsarzt zu meiner Mutter sagte, mein Gott, hat das Kind dicke Schenkel. Diese Kombination aus Fat Shaming, Sexismus und Rassismus bei einem Baby, das gerade auf die Welt gekommen ist, kann man sich nicht ausdenken. Als ich acht Jahre alt war, schickte meine Kinderärztin mich in eine Abnehmklinik, weil ich ein Kilogramm vom Normgewicht abwich. Es gab keinen Grund, etwas an meinem Körper zu ändern, und dennoch musste ich dahin. Meine ganze Klasse schickte mir Genesungskarten, für die war ganz klar, ich bin dort, weil ich dick, also krank, bin. Ich selber verstand gar nicht, dass es um meine Gesundheit ging. Ich dachte, ich mache etwas falsch und strenge mich nicht genügend an. Da ist sehr viel in meiner Beziehung zu meinem Körper, zu Essen und auch in meinem Vertrauen zu Bezugspersonen und Autoritäten kaputtgegangen. Es ist schockierend, was wir Kindern damit antun. In der Klinik gab es keine Gespräche, keine Therapie, nur strenge Stundenpläne mit Sport ab fünf Uhr morgens.

Retrospektiv muss ich sagen, dass es viele Indizien gab, dass meine Kinderärztin wahrscheinlich selber an eine Essstörung litt. Es gibt Ärzte, die sollten nicht behandeln. Der Druck im Gesundheitssystem ist so groß, dass 36-Stunden-Schichten normal sind, Personal alkoholabhängig oder drogen- oder medikamentensüchtig wird. Das kann doch nicht sein, die dürfen sich doch keinen Fehler erlauben? Aber das System gibt die Verantwortung für die Gesundheit lieber an den Einzelnen zurück. Bis zu einem gewissen Punkt ist das legitim. Wenn ich aber zum Arzt gehe, muss ich darauf vertrauen können, dass da kein Misanthrop sitzt. Studien haben gezeigt, dass dreißig Prozent des medizinischen Personals Ekel vor großen Körpern empfinden. Die Dunkelziffer ist mit Sicherheit höher. Wenn ich beobachte, wie sie mich anschauen, dann bekomme ich eine Vorstellung davon. Aber wie sollen sie mich untersuchen, wenn sie Probleme haben, meinen Körper anzusehen und anzufassen?

In der Klinik sollte ich Sachen essen, die ich nicht wollte. Kinder zu Essen zu zwingen oder es ihnen zu verbieten, ist keine Lösung. Das ist psychische und physische Gewalt. Wenn mein Kind nur noch Gummibärchen isst, würde ich mir auch Sorgen machen. Die Frage muss lauten: Was passiert denn da eigentlich bei meinem Kind? Ist etwas in der Schule, hat sich der Freundeskreis geändert? Wir müssen darüber sprechen, wann und wie man bei Kindern überhaupt eingreifen sollte. Gerade wenn sich der Körper noch im Wachstum befindet. Wir arbeiten viel mit Pädagog:innen und Erzieher:innen, die oft keine Ahnung von den Auswirkungen haben, aber dennoch Kindern Süßigkeiten verbieten wollen. Das ist nicht nur übergriffig, sondern auch stigmatisierend. Verstehen wird es das Kind sowieso nicht. Ernährung ist eine Wissenschaft, die leider nicht in den Ausbildungsplänen von Pädagog:innen und Erzieher:innen vorgesehen ist, woher kommt also die Kompetenz? Essen und Körper sind Privatsache, da sollte man sich nicht ungefragt einmischen. Es gibt viele Gründe, warum wir essen, was wir essen: Unverträglichkeiten, Moral und Religion, um nur drei zu nennen.

Hast du Vorbilder?
Unbewusst habe ich schon immer nach Menschen Ausschau gehalten, die mich reflektieren. Ohne dass das Wort fett schon positiv in meinem Sprachgebrauch besetzt gewesen wäre, verehrte ich Schwarze, fette, femme Sänger:innen. Angefangen bei Ella Fitzgerald, Etta James, Celia Cruz und so vielen weiteren. Wenn wir die Geschichte der Fat-Acceptance-Bewegung erzählen, liegt der Fokus oft auf weißen Protagonist:innen. Aber wenn wir Schwarze Musiker:innen anschauen, müssen wir erkennen, dass die nicht einfach Schwarz waren und einen großen Körper hatten, das war auch immer politisch. Zum Beispiel Sister Rosetta Tharpe, die Begründerin des Rock 'n' Roll, oder die Blues-Sängerin Big Mama Thornton, die war fett, dark skinned und lesbisch und hat «Hound Dog» geschrieben – mit dem Elvis später berühmt wurde. Da stellt sich die Frage, wie wir Expertise definieren und wen wir als Expert:in anerkennen. Oder Aretha Franklin, die in ihrer Blackness und Fatness so präsent war, wie kann das nicht fettaktivistisch sein? In ihrem Lied «Respect» geht es nicht nur um eine Frau, die Respekt von ihrem Ehemann fordert. Wir müssen uns verge-

genwärtigen, dass eine Schwarze, fette Frau da von ihrer Beziehung singt, die sie ja eigentlich aufgrund ihres Körpers gar nicht haben sollte. Hier müssen wir nicht zuletzt verstehen, dass die Ursachen für Gewichtsdiskriminierung im Anti-Schwarzen-Rassismus liegen. In Deutschland fällt mir da die Kulturwissenschaftlerin und Aktivistin Peggy Piesche ein, die ist nicht nur Schwarz und lesbisch, sondern hat auch einen großen Körper. Oder Helga Hahnemann, diese Entertainment-Diva der DDR, die gezeigt hat, wie *extra* man in einer Mangelwirtschaft sein kann. Oder Hella von Sinnen, diese dicke, lesbische Frau mit kurzen Haaren ist seit Jahren im Fernsehen! Im Overall! Und sie macht Comedy, ohne sich über die Gewalt, die sie erfährt, lustig zu machen.

Die Bewegung divers sichtbar zu machen, das ist die Hausaufgabe jede:r Einzelnen, der sich als aktivistisch positioniert. Es ist notwendig, die Frage zu stellen, wer sitzt nicht mit an MEINEM Tisch? Und dann dafür zu sorgen, dass diese Perspektiven auch gehört und gesehen werden. Wir alle partizipieren an der Diskriminierung von anderen, und es ist meine Verantwortung herauszufinden, wo meine Leerstellen sind. Als politisch positionierter Mensch will ich wissen, wo ich Teil der Unterdrückung anderer bin. Derzeit wird mir mein Nichtwissen in Bezug auf Menschen mit Behinderungen bewusst, ebenso Sex-Arbeiter:innen, überhaupt die Beschäftigung mit Sexualität. Ich möchte genau in die Themen gehen, bei denen ich mich erst mal unwohl fühle. Ich will wissen, was die Lebensrealität von marginalisierten Menschen ist, und was das mit meiner zu tun oder eben nicht zu tun hat. Nur so kann ich meine Perspektive verändern und wachsen, auch wenn Wachstumsschmerzen real sind.

Bis heute beschäftigen mich Menschen, die nicht explizit zum Thema arbeiten. Zum Beispiel die afrokubanische Sängerin Daymé Arocena. Einer meiner ersten Auseinandersetzungen mit

Fettaktivismus habe ich bei einem Workshop mit SchwarzRund erleben dürfen. Dann folgten Jessamyn Stanley @mynameisjessamyn, aber auch Magda Albrecht, Sonya Renee Taylor und Virgie Tovar ... so nahm mein «spektakulärer» Aktivismus seinen Lauf.

Social Media kann ermächtigend sein, hier kann ich mir eigene Räume schaffen und mich mit anderen vernetzen. Das Wissen steht relativ kostenlos und ortsungebunden zur Verfügung. Dieses Potenzial ist so hilfreich, gerade um uns selbst zu spiegeln und sichtbar zu machen. Körper wie meiner waren und sind in den Medien nicht vertreten, ich dachte lange, ich sei ein Unicorn. Aber ich bin nicht die Einzige, die so aussieht und so fühlt. Wir waren immer schon da und nehmen diesen Raum jetzt endlich ein. Social Media half mir zu verstehen, dass die Form von Gewalt, die ich erlebe, keine individuelle Erfahrung ist.

Dabei ist mir wichtig, meine eigene Rolle und Verantwortung zu begreifen und sichtbar zu machen. Sowie die Tatsache, dass die Beiträge von marginalisierten Menschen von Algorithmen diskriminiert, gelöscht und unsichtbar gemacht werden. Wenn ich bestimmte Hashtags, zum Beispiel in Bezug auf die Ermordung Breonna Taylors, verwende, dann erreichen meine Inhalte weniger Menschen. Je mehr ich auf Ungerechtigkeiten hinweise, desto mehr Backlash erlebe ich. Viele fühlen sich anscheinend berufen, in meinen Space zu kommen und mir Gewalt anzudrohen. Das ist eine bewusste Strategie von Trollen, ich muss dann überlegen, wie ich damit umgehe, wie viel ich preisgebe und wie ich mich schütze. Ich war Teil einer Reihe von Beiträgen eines Radiosenders zum Thema Bodyshaming, darin spreche ich darüber, dass ich mir meinen Körper und meine Identität als Schwarze, Fette Femme hart zurückerobern musste. Die Redaktion stellte meinen Beitrag an einem Freitagabend online, kurz vor deren Feierabend. Es dauerte keine zehn Minuten, bis ich in den Kommentaren rassistisch, sexistisch und fettphobisch angegriffen wurde.

Die Redakteur:innen standen mir nicht zur Seite. Als die Kommentarfunktion auf meinen Wunsch hin endlich gesperrt wurde, gingen diese Menschen auf mein Profil und schickten mir Nachrichten mit Vergewaltigungsphantasien und Morddrohungen. Es reicht für Menschen mit großem Körper schon aus, öffentlich zu sagen, «ich bin okay, ich fühle mich wohl, und ich habe Rechte», um diese Gewalt zu erfahren. Dieses Gefühl, alles kommentieren und bewerten zu dürfen, ohne Rücksicht auf die Konsequenzen, ist auch etwas, was Social Media verstärkt hat. Ich wünsche mir sehr, dass wir Menschen nicht ein Leben lang kämpfen müssen, um uns in unseren Körpern zu Hause zu fühlen. Don't put your life on hold – get that dress!

«Living my Fucking Fat Life»

Interview mit SchwarzRund
@schwarzrund

Wie bist du zu dem Thema Körperpolitik gekommen?

Meine Eltern haben das Thema ganz unterschiedlich verhandelt, und mit dieser Differenz bin ich groß geworden. Das Weltbild meines Babas ist von Körperdiversität geprägt. Natürlich gibt es auch in der Dominikanischen Republik, wo wir lebten, bis ich vier Jahre alt war, Fettfeindlichkeit, aber die ist nicht an das Schönheitsbild gekoppelt. Dünn ist nicht gleich schön und dick nicht gleich hässlich. Meine Mutter hat ihr eigenes Dicksein dagegen klassisch westlich komplett negativ wahrgenommen. Ihre Seite der Familie ist bis heute überzeugt von rechten Parteien, was sich massiv auf Körperbilder auswirkt. Das Schwarze Dicksein ist in der rassistischen Logik etwas anderes als das weiße Dicksein. Weiße, dicke Menschen gelten als fast perfekt, wäre da nicht ihr großer Körper. Ich dagegen bin darin so weit weg vom Idealbild eines Menschen, ich habe gar keinen Zugang zu einem Normkörper. So wird mein Dicksein eine Möglichkeit, mehr Gewalt mir gegenüber auszuüben. Mir wurde von dieser Seite nie erklärt, wie man Haare macht, sich schick anzieht oder Kosmetik verwendet. Ich bin ja dick, wieso sollte man darauf Zeit verwenden? Mein Baba war da eine Interventionskraft, er hat mir gesagt, du bist in der Pubertät, es wird Zeit, Deo zu verwenden. Auch meine Tante, die erst sechzehn war, als ich auf die Welt kam, ist ein Vorbild. Dass sie dick ist, spielte nie eine Rolle dabei, wie sie sich durch die Welt bewegt. Sie ist immer schon fashionable und trägt, was sie will.

Dabei könnte sie mit den ganzen Body-Positive-Konzepten nichts anfangen. Sie liebt ihren Körper, und ihr Körper wird geliebt. Auf diese Dekolonialisierung und Resilienz, die mir von diesem Teil der Familie mitgegeben wurde, habe ich aufgebaut.

Wenn ich mir Fotos aus dieser Zeit anschaue, merke ich, dass ich weder dick noch curvy war. Ich hatte einfach einen klassischen, dominikanischen, taíno-afrikanischen Körper mit Hüfte und Busen. Allein deswegen wurde ich als dick gelesen.

Dicksein ist ein Konstrukt, es gibt keinen per se dicken Körper – was an dem einen dick ist, ist an dem anderen richtig. Weiße Körper haben nur eine kleine Nische, in der sie der Norm entsprechen und als gesund und schön gelten. Es ist eine meiner absoluten Lieblingsszenen in der Serie «Orange Is the New Black»: Zwei Frauen reden darüber, wieso sie Beyoncé so toll finden. Die eine sagt: «We're chasing an unachievable standard.» Darauf erwidert die andere: «I ain't chasin' nothin'. I'm a strong black woman, and we got a different standard of beauty in our community.» Im Schwarzsein kann man auf viele Arten schön sein.

Für mich ist also die Frage, wann ich mich in meinem Dicksein politisiert habe, untrennbar von der, wann ich mich mit Rassismus beschäftigt habe. Am schwersten zu verstehen war für mich die vergeschlechtlichte Unterdrückung. Ich bin einem feministischen Haushalt groß geworden. Mein Vater kommt aus einer matriarchalen Familie, und meine Mutter wird schon immer als Mann gelesen, weswegen ich nie mit einem klassischen Frauenbild aufgewachsen bin. Für mich ist es absurd, dass das gegenseitige Runtermachen wegen Dickseins ein Teil von «Frauenkommunikation» ist. Es ist eine Art von weißen, cis Frauen, miteinander in Kontakt zu treten: «Guck, wie schrecklich mein Körper ist!» – «Ja, mein Körper ist auch schrecklich.»

Verstehst du dich als Teil der fettaktivistischen Bewegung?

Ich sehe mich da eher in einer Rolle, wie James Baldwin sie für sich beschrieben hat. Er hat festgestellt, dass er zwar darunter leidet, dass er nicht wirklich Teil der schwulen Szene oder der Schwarzen hetero Community war, das aber zwangsläufig so sein musste. Wenn du wissenschaftlich oder künstlerisch schreibend reflektieren willst, hilft der Blick von innen, jedoch musst du dir selber ein bisschen die Beobachter:innenrolle zugestehen. Wenn ich nur in etwas bade, dann funktioniert das Kritisieren nicht. Ich bin Teil davon und bin es nicht. Mittlerweile sehe ich das nicht mehr als Moment der Traurigkeit, sondern als Möglichkeit, die Themen anzusprechen, wo andere fragen, muss das sein?

Wie bist du zu deiner Workshoparbeit gekommen?

Auf meiner Facebookseite hatte ich über eine rassistische Erfahrung geschrieben, die mit Körper und Übergriffen in der queeren Community zu tun hatte. Ich merkte, das lesen fünf Leute, und dann ist es wieder weg, keiner kann darauf zugreifen. Wir fangen ganz oft wieder von vorn an, weil Schwarze, Schwarze fette und fette Archive verschwinden. Deswegen startete ich 2013 einen Blog zu dekolonialen Körperpolitiken, zunächst einmal anonym. Darüber kamen Anfragen für Jobs, zum Beispiel vom queeren Jugendverein *Lambda*. Deren eine dicke Person im Team beauftragte mich mit einem Coaching zum Thema, aus dem mein erster Workshop, «Do it the Body Positive way», entstand. Ich basiere meine Workshops darauf, dass alle im Raum wissen, dass sie ähnliche Erfahrungen haben. Anstatt nur unseren Schmerz zu teilen, will ich die Gruppe dahin bringen zu erkennen, wo sie schon Momente von Widerstand und Selbsterhalt erfahren hat. Ich arbeite viel damit, Sachen aufzuschreiben, um eine Archivierbarkeit zu erzeugen. Dafür habe ich ein Mini-Zine zum Mitnehmen entwickelt, das die Leute zu Hause ausfüllen können. «Bodys Are …» hilft dabei herauszufinden, was man schon kann und weiß. Wir lernen schneller daraus und können eigene Resilienz entwickeln. Dafür muss ich Menschen manchmal unterbrechen und ihnen sagen, ich weiß, dass du dieses Trauma erzählen willst, nur, das brauchst du nicht, wir glauben dir ohnehin. Viele reagieren erst sauer. Später merken sie dann, dass sie zu viel in das Gefühl gegangen wären, und sind dankbar für die Unterbrechung.

Welche Rolle spielt Fettaktivismus in deiner schriftstellerischen Arbeit?

Gerade sitze ich an meinem neuen Roman, der im Arbeitstitel «Strandapfel» heißt, darin gibt es eine dicke Protagonistin. Ich arbeite an dem heiklen Versuch, in keiner Form zu beschreiben, wie sie dadurch mit sich selber Probleme hat. Wir mögen bei unterdrückten Gruppen das Narrativ, dass die sich so ein bisschen selber hassen. Die Wahrheit ist, dass manche trans Menschen Dysphorie haben und manche nicht, was sie nicht weniger trans macht. Und dass manche dark-skinned Geschwister erfahren haben, dass sie weniger schön sein sollen, und manche in einer Gesellschaft groß geworden sind, wo dark-skinned dem Schönheitsideal entspricht. Mit dem Dicksein ist es genauso. Natürlich haben viele dicke Menschen gelernt, dass sie weniger attraktiv sein sollen. Aber es gibt auch solche, die das nie für sich übernommen haben oder starke Gegenbilder hatten, so wie ich. Ich will Protagonist:innen schaffen, die diesen gesellschaftlichen Mist abbekommen, bei denen das jedoch nicht in ihre Selbstidentifikation integriert ist. Wir lernen meine Hauptfigur kennen als jemanden, die relativ offen mit Leuten Sex hat, die gern Sport macht, sich einfach auf der Straße und durch die Geschichte bewegt. Erst nach und nach merken wir, das ist eine dicke Person.

Von Junot Diaz, einem der bekanntesten lateinamerikanischen Autoren, gibt es dieses schreckliche Buch, *Das kurze wundersame Leben des Oscar Wao*. Er, der selber dünn ist, beschreibt darin einen fetten Protagonisten, der nur darüber nachdenkt, dass er dick ist. Der atmet dick ein, isst dick und läuft dick die Straße entlang. Ich will so nicht über Leute sprechen. Und überhaupt, so sehr beschäftigt mich das Thema nicht. Ich kann nicht die ganze Zeit über meinen dicken Körper nachdenken, ich muss Geld verdienen und meine Wohnung putzen. Ich will eine dicke Perspektive schreiben, bei der das nicht für etwas anderes steht. Selbst in Chimamanda Ngozie Adichies *Americanah* steht das Dickwerden der Protagonistin für Gemütlichkeit, dafür, wie wohl sie sich fühlt. Es ist ständig Erklärmodell für irgendwas. Ich will kein kohärentes Narrativ bieten und kein Klischee, wo jemand nur isst oder überhaupt nichts isst. Es ist absurd zu erklären, dass Körper unterschiedlich sind. Das ist die Welt, wie sie ist und schon immer war.

Welche Themen interessieren dich noch?
Wir müssen, innerhalb und außerhalb der Bewegung, über den Schmerzpunkt Kolonialisierung sprechen. Body Positivity wurde von dünnen Leuten übernommen, und wir haben jetzt wieder das Problem, dass unsere Interventionen gegen uns verwendet werden. Das passiert, wenn man Dinge nicht mit einer dekolonialen Brille konstruiert. Das ist, was Stuart Hall meinte: Wir finden es schrecklich, alles benennen zu müssen, aber wenn wir etwas nicht benennen, bleiben Schlupflöcher. Wenn wir aus Angst vor dem Wort fett lieber #bodypositive verwenden, ist es sehr einfach, uns diese Bewegung wegzunehmen. Eine dünne Person, die sich im Bikini auf Instagram präsentiert, verwendet den Hashtag #fatpositive nicht. Wenn weiße Fettaktivist:innen sich mehr einlesen, können sie viele Fehler verhindern.

Lasst uns auch #fatpositive hinterfragen, denn welches Fett

wird als positiv wahrgenommen? Es ist die Sanduhrfigur, die weiße oder light-skinned Person. Es ist nicht die mit der kastenförmigen Figur oder die älter als 40 Jahre oder butchy ist. Warum sind Personen wie Chika, die als Fashion Icon berühmt ist, im Feed von Leuten wie mir so wenig präsent? Weil wir vor allem femininen Personen folgen. Da bauen wir Mauern, die runtergerissen werden müssen. Dafür ist das dekoloniale Denken hilfreich, weil es fragt, warum ist das so? So können wir fettpositive Denk-Bewegungen machen, bei denen Schwarze, dark-skinned, trans Frauen und non-binäre Perspektiven ganz vorn mit dabei sind. Dann müssten wir nicht darum kämpfen, den Hashtag #bodypositive von irgendwelchen Ursulas zurückzugewinnen.

Wie hat dir dekoloniales Denken geholfen?

In der Recherche für meinen Roman beschäftige ich mich mit den Taíno, die in Mittelamerika vor der Kolonialisierung präsent waren. Anacaona war eine deren *caciques*, sie ist eine Ikone, ein feministisches Vorbild. In Haiti gibt es eine Statue von ihr, und als ich ein Foto davon sah, wusste ich auf einmal, warum mein Körper so aussieht. Ich habe mich gefragt, warum meine Körperform von den African Ancestors her keinen Sinn macht. Und plötzlich sah ich es, die Hüften der Statue sind breit, aber der Po ist flach. Ich schaute mir dann Bilder der verschiedenen Volksgruppen der Taíno an und fand dieses vereinende Merkmal immer wieder. Ich erkannte mich in jemandem, der vor 500 Jahren gelebt hat, weil ich nicht nur westafrikanische und spanische, sondern auch Taíno-Vorfahren habe. Es ist offensichtlich, warum ich von ihnen so lange nichts wusste. Ein Genozid hat sie fast ausgelöscht, und bis heute müssen sie sich sehr bedeckt halten. Meine Bedenken, nicht dem African-Beauty-Ideal zu entsprechen, kann ich durch diese dekoloniale Perspektive auflösen.

Das dekoloniale Denken stellt die Frage, wem dient das? Wenn wir sagen, fette Leute sollen Zugang zu Fashion haben. Dann dient das fetten Leuten, die gern Fashion tragen. Die dekoloniale Brille hilft, hier nicht nur, den Vorteil zu sehen, sondern zu zeigen, dass fette Leute so zum Absatzmarkt werden. Und wie werden die Produkte hergestellt? Da stelle ich schnell fest, dass diese Forderung der kapitalistischen Ausbeutung meiner Ancestors dient. Prof. Dr. Maisha Auma sagte das so schön, Dekolonialisierung ist ein schwieriger, verworrener Prozess, weil Kolonialisierung kompliziert ist. Es gibt nicht die eine, einfache Idee, die man einmal knacken muss, sondern so viele Fallstricke und Hintertüren. Deine Intervention mag total clever sein, aber inwiefern dient sie trotzdem Kapitalismus und Kolonialismus? Als fette Aktivist:in ist es mein Job, mich um Politiken zu kümmern, ich kann nicht da aufhören, wo meine Bequemlichkeit endet. Ich muss mich fragen, wer für meine Ansprüche zahlt. Schauen wir uns die Debatte um die Fürsorgerrolle an, wo Frauen fordern, genauso arbeiten zu können wie Männer. Nur, wer macht dann die Fürsorgearbeit? Das sind Latinas, die den Job für 3,20 Euro die Stunde machen. Worauf basiert diese Emanzipation? Wer bezahlt dafür?

Dekoloniales Denken sagt, es ist mir egal, wie gut du dich damit fühlst, es geht darum, was die Wahrheiten sind. Dann können wir versuchen, das Problem mit einem intersektionalen Ansatz zu lösen.

Welche Rolle spielt deine Queerness?
Wenn wir über Körper reden, denken wir, es gibt nur Ablehnung oder Zustimmung. Wir sagen, Rassist:innen sind die, die Schwarze Menschen hassen. Das ist natürlich Unsinn, wenn das so wäre, wären nicht so viele Schwarze Frauen vergewaltigt worden und es gebe nicht so viele Mixed-Race-Ehen und Kinder. Hass geht einher mit Liebe, Begehren und dem Wunsch, etwas zu konsumieren.

Mit Fettsein ist es genauso. Ich hatte nie ein Problem damit, genügend tolle Sexualpartner zu finden, ich werde als attraktiv eingeordnet, bin sex-positiv groß geworden und sehr happy damit. Die Gesellschaft erwartet aber von mir, das nicht zu sein. Die Menschen gehen davon aus, dass ich Probleme mit meinem Körper habe oder nicht weiß, was ich will. Ich werde auf der Straße angegraben, als sei das ein Gottesgeschenk. Für mich ist es an dem Tag nur schon die zwanzigste Person.

Einer der ersten Texte, die ich auf SchwarzRund.de veröffentlicht habe, heißt «Mein Körper gehört euch nicht». Das Problem ist nicht, dass niemand mich will, sondern dass die Leute, die mich wollen, ein Problem damit haben, dass sie mich wollen. Deswegen haben sie eine Anspruchshaltung mir gegenüber. Sie nehmen an, dass mein dicker Körper sonst nicht begehrt wird und ich dankbar bin, dass sie mich wollen. Das ist nicht so. Darin werden diese Personen zu Täter:innen.

Das alles ist schwer, Leuten zu erklären, die keinen Kontakt zu dicken Menschen haben. Wenn mich dünne, queere Freunde mit auf Partys nehmen, erwarten die oft unbewusst, neben mir zu glänzen. Ich weiß das, weswegen ich mich oft schlechter anziehe, um weniger aufzufallen. Ich habe so schon beste Freund:innenschaften verloren. Betrunken sagten die mir: «Ich halte es nicht aus neben dir. Ich versuche die ganze Zeit, weniger zu essen, und dann wirst du angegraben.» Dass jemand dick ist und begehrt wird, nimmt dünnen Menschen den Lebenssinn. Dünn sein ist mit so viel Kopfarbeit verbunden, es ist unglaublich aufwendig, dünn zu sein, dünn zu bleiben, dünn zu essen. Die machen das, weil ihnen gesagt wird, dass ihr Leben dann besser als das von Dicken ist. Und dann stehe ich da. Living my fucking fat life. Ich bin eine Provokation. Wozu haben die denn all diese Zeit verschwendet, um dünn zu sein, wenn ich dann mit jemandem nach Hause gehe.

Ich kann das verstehen, weil ich selber damit meine Probleme hatte. Ich habe nicht verstanden, dass Menschen in diesem Wertesystem denken. Und die Lösung ist nicht, dicke Leute jetzt mal besser zu finden. Ich habe kein Interesse daran, mit Leuten zu schlafen, die dicke Menschen nicht attraktiv finden. Und ich will nicht, dass dicke Menschen zu einem Statussymbol werden, so wie es jetzt Schwarze Menschen sind. Ich will, dass das Bild von Queerness sich ändert. Mein Dicksein widerspricht dem queeren Bild. Ich bin dick, also werde nicht als queer gelesen. Ich diene nicht dazu, dein queeres Standing zu beweisen. Du kannst nicht sagen, du bist queer, weil du mich datest, das funktioniert mit meinem Körper nicht.

Das ist ein größeres Problem, denn dann geht es darum, wer in den Kampagnen dargestellt wird, wer in queeren Vereinen arbeitet, wer die queeren Politiker:innen sind, über die wir reden, und wer die queeren Filmemacher:innen, die von queeren Stiftungen Funding bekommen. Ich frage gern, könnt ihr euch eine Foundation und eine Jeans teilen? Dann haben wir ein Problem.

Hast du Vorbilder?

Ich liebe Kellie Brown von @andigetdressed, sie ist wahnsinnig cool. Ich habe viel von Malek Yalaoui und ihrem *Chai Chat*-Podcast über inhaltliche Analysen von Fettsein gelernt. Sie teilt ihre Gefühle mit einer krassen Ehrlichkeit und Unverschämtheit. Während ich versuche, Dinge in einem wissenschaftlichen Kontext zu analysieren, weint sie in ihrem Podcast und benennt die Momente, in denen sie sich schämt. Oder die Rapperin Chika, wegen ihrer Technik und wie sie es schafft, ihr Fettsein nicht zur Punchline zu machen. In ihrem Musikvideo zu «Can't explain it» datet sie als bisexuelle, fette, Schwarze Person einfach so eine Schwarze Femme, ohne das zum Thema zu machen. Es ist einfach eine süße Lovestory. Dieses zarte, ehrliche Erzählen von Fettsein ist ein Vorbild.

Welche Themen beschäftigen dich noch?

Ich fände es schön, das Thema Freund:innenschaft aufzuwerten. Romantische Beziehungen sind die höchstangesehnste Gesellschaftsform und gehen einher mit einer Absicherung, auch finanziell. Fett und «trotzdem» in einer Beziehung zu sein, hat einen hohen Stellenwert. Das trägt dazu bei, Freund:innenschaften abzuwerten. Dabei ist es eine krasse Entscheidung, eine Freundschaft zu pflegen, das ist ein antikapitalistisches Gut. Für mich spielt Fettfeindlichkeit gar nicht so sehr in romantischen Beziehungen eine Rolle, sondern eher in Freund:innenschaften. Ich achte sehr darauf, dass ich das nicht akzeptiere, und verlange, dass wir Zeit investieren, Fettfeindlichkeit zu reflektieren. Mit Leuten, die einen Teil von mir nicht wertschätzen, befreundet zu sein, ist kein liebevoller Akt mir selbst gegenüber. Durch Freund:innenschaften mit dicken Menschen habe ich gelernt, meinem Fettsein Raum zu geben und es zu feiern. Es ist wichtig, sich Freund:innenkreise anzuschauen und zu überlegen, mit wem man sich umgibt und wie über Dicksein geredet wird. Das ist was anderes, als über Community nachzudenken. Nicht für jeden funktioniert das Community-Format, weil es sehr anspruchsvoll ist und viel soziale Energie verbraucht. Einzelverbindungen, Freund:innenschaften bieten uns Halt, eine Garantie fürs Leben, so wie es Bino Byansi Byakuleka, Aktivist bei den Protesten um den O-Platz und Gründer des Refugee-Radio-Senders wearebornfree.fm, erklärt hat.

Ich wünsche mir mehr fette, tiefgehende Freund:innenschaften.

V

Wie wir wieder eins wurden

Was, wenn du dich durch die Welt bewegst, als wärst du einfach zu lieben?

Sonalee Rashatwar

Während meines Burnouts war ich lange der Überzeugung, ich müsste superhart daran arbeiten, wieder in das, was ich für mein «normales» Leben hielt, zurückzukehren. Ich wollte wieder arbeiten, wieder ausgehen, wieder schön sein, wieder funktionieren. Ich wollte nicht in eine Klinik, ich wollte keine Auszeit, und ich wollte erst recht nicht darauf achten, was mein Körper wollte.

Meine Rettung waren damals meine Freundinnen, die mich vorbehaltlos unterstützten. Sie liehen mir Geld, passten auf mein Kind auf, standen innerhalb von Minuten vor meiner Tür, wenn ich sie brauchte, und hörten mir und meinen Sorgen stundenlang zu. Sie waren bedingungslos für mich da. Ich kannte das vorher nicht. Ich wollte lieber Everybody's Darling sein, als zuzugeben, dass es mir nicht gutgeht, und war sehr bedacht darauf, niemandem zur Last zu fallen oder gar auf die Nerven zu gehen. Hauptsächlich fand ich mich selber ziemlich nervig.

Schnell fing ich wieder an zu laufen, Sport soll ja der mentalen Gesundheit zuträglich sein und Stress abbauen, so las ich es in zig Diätbüchern. Ich rannte jeden Tag durch *Planten un Blomen*, erst eine halbe, dann eine Dreiviertel-, dann eine ganze Stunde. Ich wollte wieder abnehmen, wollte den Körper, von dem ich mir einbildete, dass er mir Glück bringen würde. War ich nicht nur deshalb in den Burnout gerutscht, weil ich die Kontrolle verloren, mich gehenlassen hatte?

Anstatt mir eine Auszeit zu nehmen, fing ich an, an meinen kinderfreien Wochenenden nächtelang auszugehen, und startete einen Instagram-Account, auf dem ich jede Menge Fotos aus dem Nacktmagazin, an dem ich immer noch mitarbeitete, und Modefotos postete. Ich fotografierte mich dafür selber oder ließ mich fotografieren – in Unterwäsche am Fenster, verrenkt im Selfie von oben oder gestreckt in den Kissen auf meinem Bett. Ich war stolz auf meine dünne Figur, besonders in einem ganz bestimmten, schwarzen Seidenkleid mit Rückenausschnitt. Deswegen drehten sich meine Gedanken hauptsächlich darum, was ich wann nicht essen würde. Hinter all dem stand die Hoffnung, mein altes Leben inklusive Mann und Job wiederzubekommen. Wie arty müsste ich sein, um denen zu gefallen? Welches sexy Image sollte ich kreieren, damit die erkennen, wie großartig, wie wertvoll ich sein kann? Dass mich diese Fragen erst in das Loch schubsten, aus dem ich mich langsam wieder heraushungern und -rennen wollte, sah ich nicht.

Aus dem gleichen Bedürfnis, nämlich ein neues Image zu performen, entstand wundersamerweise das, was mich aus diesem Tal dann wirklich herausführte: #trustthegirls. Eine Bekannte hatte mir mal jede Menge Merchandise mit diesem Claim eines Mädchenmagazins mitgebracht, und der Aufkleber haftete seit Jahren an meiner Haustür. Erst jetzt rührte er etwas in mir an, was ich zwar nicht genau bestimmen konnte, mir aber eine neue Sicherheit gab. Deswegen verwendete ich den Hashtag bei jedem Post auf Instagram.

Das passte damals in den Zeitgeist, Feminismus kam nach Jahren der Unterdrückung gerade wieder als «Empowerment» in die populäre Kultur, von allen Seiten hörte ich, wie wichtig Selbstbestimmung ist. Als ich Lena Dunham in der TV-Serie «Girls» den Satz «Ich glaube, dass ich die Stimme meiner Generation sein könnte. Oder wenigstens eine Stimme. Von einer Generation» als ihre Hauptfigur Hannah Horvath sprechen hörte, fragte ich mich: Habe ich eigentlich eine Stimme? Wer hört mir zu? Ich teilte ihr Zitat direkt auf Facebook. «Sag mal, spinnst du jetzt total?», schrieb der Ex. Seine Empörung gefiel mir – wenn er sich daran stieß, war das nicht gerade das Richtige für mich? Ich bestellte sofort Dunhams Buch *Not that Kind of Girl*.

Eigentlich wollte ich unbedingt aus meiner Wohnung ausziehen, sie war zu teuer und hing voller Erinnerungen. Stattdessen strich ich die Wände neu, erst das Wohnzimmer in Dunkelblau und dann das Schlafzimmer in Dunkelgrün und Rosa. Was für andere eine Freizeitbeschäftigung ist, war für mich ein Schritt raus aus der Fremdbestimmtheit. Meine Freundinnen kamen, um nach Feierabend im Licht von Baustrahlern und mit jeder Menge Crémant zu helfen, die Wohnung in *meine* Wohnung zu verwandeln, das Alte zu übermalen in neuen, satten Farben. Ich liebte Farben, groß, plakativ und knallig, ließ mich aber vorher von Bedenken anderer zurückhalten. Selber im weißen Maleranzug die Rolle in die intensive Farbe zu tauchen und auf die Wände aufzubringen, war kathartisch – so blöd das klingt. Auf Instagram schrieb ich #trustthegirls darunter. Wie eine Erinnerung für mich selber. Das Motto klebte später auf meiner

Handyhülle, dann hing es als Girlande an meiner grünen Wand. Dieses Vertrauen erhielt ich auch aus dem guten Feedback und den stärkenden Kommentaren, die ich auf Instagram bekam. Direktes Feedback auf von mir selber geschaffene Inhalte, die von niemandem beauftragt wurden oder abgesegnet werden mussten. Ich bestimmte selber, was und wie viel ich von mir zeigte. Ich investierte von Anfang an viel Zeit, auf Kommentare zu antworten. Mir war der Austausch wichtig, viele der Menschen, die reagierten, kannte ich schon oder lernte ich später kennen. Manche wurden enge Freund:innen. Anonym oder unpersönlich war es nie. Im Gegenteil, ich konnte dort frei und mutig herausfinden, welche Person ich sein wollte. Ich spürte große Sehnsucht danach, Kraft in mir selber zu finden. Und meine eigene Position neu zu definieren.

Am liebsten trug ich in der Zeit einen «The Future is Female»-Pulli, den ich mir bei dem queer-feministischen Kollektiv *Otherwild* in den USA bestellt hatte. Auf das Foto von mir im Pulli bei Instagram kommentierte Liza Cowan, eine Fotografin, die den Spruch 1975 an der Musikerin Alix Dobkin fotografierte und bei der Diashow «What the Well Dressed Dyke Will Wear» zeigte. Sie erzählte mir, dass das originale Shirt 1972 für die Frauenbuchhandlung *Labyris Books* in New York entstanden war.

Das Foto von mir im «The Future is Female»-Pulli landete in mehreren Online- und Print-Magazinen, die Message des Pullovers wurde viel diskutiert. Mit allem, was ich mittlerweile gelernt habe, weiß ich, dass nicht überall, wo «female» draufsteht, auch Feminismus drin ist. Außerdem ist der Spruch verankert im binären Denken, das die Welt in weiblich und männlich einteilt, als ob es dazwischen oder darüber hinaus nichts geben würde. Heute würde ich lieber einen «The Future is non-binary»-Pulli tragen.

Etwa zur gleichen Zeit besuchte ich drei Mal hintereinander die Sonderausstellung «Feministische Avantgarde der 1970er Jahre» in der Hamburger Kunsthalle, wo ich Werke von Valie Export, Cindy Sherman, Mary Beth Edelson und Annegret Soltau bestaunte. Auf einmal fand ich Themen und Diskussionen, von denen ich vorher keine Ahnung hatte, die aber viele Verbindungen zu meiner eigenen Lebensrealität hatten. Es fühlte sich genau richtig an. Ich las mehr Bücher: *Unsagbare Dinge: Sex, Lügen und Revolution* von Laurie Penny, die Autobiographie *Hunger Makes Me A Modern Girl* von Carrie Brownstein, Andi Zeislers *We Were Feminists Once: From Riot Grrrl to Cover Girl, the Buying and Selling of a Political Movement* oder Rebecca Solnits *Wenn Männer mir die Welt erklären.* Da waren die gleichen Frustrationen beschrieben, die ich fühlte, für die ich all die Jahre aber keine Worte hatte. Lag es gar nicht an mir selber? War ich gar nicht der Fehler? Ich entdeckte die Malerei der US-amerikanischen Künstlerin Dorothy Iannone, deren farbenprächtige Bilder aus den 70er Jahren sich mit sexueller Befreiung und der Rolle der Frau in der Gesellschaft beschäftigen. Ein Werk von ihr hängt als Druck in meinem blauen Wohnzimmer. Darauf sind jede Menge Figuren, in der Mitte eine große, weiße Frau mit der rechten Faust in der Luft, über ihr stehen die Worte «*The Next Great Moment in History is Ours*». Bei Instagram folgte ich Accounts wie @h_e_r_s_t_o_r_y, die Beiträge zu lesbischer, feministischer Geschichte teilen. Und ich erinnere mich, dass mich Jennifer Siebel Newsoms Dokumentation *Miss Representation* besonders beeindruckte. Sie zeigt, wie die einseitige Darstellung von Frauen in Mainstream-Medien und -Kultur zur Unterrepräsentation in Macht- und Einflusspositionen führen.

Ich dachte, wenn ich Mutter sein würde, wäre meine Rolle erfüllt, und deshalb würde auch ich mich erfüllter fühlen. Als dann alles gar nicht so kam, fühlte ich mich schuldig und unzulänglich. Die Erkenntnis, dass es nicht nur mir so ging, löste diese Frustration auf. In den wütenden und anklagenden Worten der feministischen Autor:innen fand ich mich wieder und musste während des Lesens oft zustimmend auflachen.

Ich setzte mich bis dato selten kritisch mit der Position, die mir als weißer, hetero cis Frau in unserer Gesellschaft zugewiesen wird und die später als Mutter ihren Höhepunkt finden soll, auseinander. Ich habe vieles nicht hinterfragt – zum Beispiel die Aufteilung der Sorgearbeit –, sondern als gegeben hingenommen. Schließlich war das schon bei meiner Mutter so, wie bei allen Frauen, die ich kannte. Aber auf einmal waren da Menschen, die sagten, dass das nicht sein muss. Dass es durchaus alternative Lebensentwürfe gibt. Ich erkannte, wo meine Wut herkam. Wo all die aufwühlenden Gedanken herrührten, die ich in mir trug. Die feministischen Bücher zeigten mir, dass das diffuse Gefühl der Ungerechtigkeit nicht mit meiner Unzulänglichkeit, sondern mit den unterdrückenden Mechanismen des Patriarchats zu tun hatte. Das war eine Offenbarung.

Und das war der Quell, aus dem ich den Mut für meinen nächsten Schritt zog: Ich gründete eine PR-Agentur für kleine Hamburger Modelabels, die sich bemühten, nachhaltig zu produzieren. Ich wollte mich für etwas Positives und Wertschöpfendes einsetzen und noch mehr eintauchen in eine Community, die ich bestärkend und positiv fand. Ich profitierte in den letzten Jahren bereits sehr von der gegenseitigen Unterstützung meiner Freund:innen und den Schriften von Feminist:innen, ich wollte das ausbauen und etwas zurückgeben. Außerdem wollte ich mein eigenes Ding machen. Meine eigene Chefin sein. Selbst entscheiden, mit wem, wann und wie viel ich arbeitete. Ich mochte die Position der Netzwerkerin, als Pressebeauftragte war ich die Botschafterin zwischen Modelabels und Medien. Der kreative Austausch mit den Designer:innen und der Trubel gefielen mir, oft bearbeitete ich drei oder mehr Projekte gleichzeitig. Für meine erste Veranstaltung schnitt Chris Campe, Typographie und Handlettering-Expertin, die Worte «OH WOW» aus riesigen Papierbögen und hängte sie ins Fenster des Ausstellungsraumes. Ich war selber überrascht, wie viel ich in kurzer Zeit auf die Beine stellte. Am Ende kamen zwar nicht viele Journalist:innen, dafür aber jede Menge Frauen aus Hamburg und Berlin.

Das lag vielleicht daran, dass einige junge, von Frauen gemachte Online-Magazine meine Arbeit vorstellten. Zuerst *Stil in Berlin*, dann *This is Jane Wayne*, *Hauptstadtmutti*, *Edition F* und *Femtastics*. Später schrieb die *Brigitte*: «Trust this Girl, Instagram-Phänomen, Mode-Profi, Mama: Melodie Michelberger.» Auf einmal war ich ein Vorbild und sollte erklären, wie ich es so weit gebracht hatte.

In mir drin fühlte ich mich aber oft überhaupt nicht stark oder erfolgreich, sondern in meinem Körper häufig unwohl. Ich begann ein Personal Training, sagte mir, es sei, um meine Haltung zu verbessern und stärker zu werden, hoffte aber insgeheim, mein Bauch würde dadurch kleiner. Als ich für ein «Girlpower»-Editorial der *Blonde* zusammen mit Frauen, die alle fünfzehn Jahre jünger waren als ich, fotografiert werden sollte, passte ich in kein einziges der Teile, die die Stylistin mitgebracht hatte. In die Samples der von mir vertretenen Labels passte ich auch nicht, oft führten sie nicht mal meine Größe.

Girlpower, Feminismus und Empowerment waren damals Buzzwords, die überall auftauchten. Vom Duschgel bis zur Backmischung – auf einmal konnte dir wirklich alles «Girlpower» geben. Der Hashtag #trustthegirls wurde von immer mehr Menschen geteilt. Ich freute mich, dass sich viele mit diesem Slogan identifizieren konnten, allerdings machte es mir Sorgen, dass er ein Eigenleben annahm. Ich verband viel mit diesen drei Worten, hatte ich mit ihnen doch das erste Mal eingefordert – vor allem von mir selbst –, mir und meinen Fähigkeiten zu vertrauen. Ich wollte ihn nicht plötzlich auf Kaffeebechern oder Jutebeuteln in irgendeinem Online-Shop sehen. Also kratzte ich alles Geld zusammen und kaufte die Markenrechte. Meine Freundin Eva Dietrich hatte kurz darauf die zündende Idee, *Trust the Girls* ein Fundament in Form einer Community zu geben. Gemeinsam wollten wir einen virtuellen und realen Ort für Dialog und Austausch schaffen, ganz ohne kommerziellen Hintergedanken. Ich war damals so begeistert von dem Vorhaben, ein eigenes feministisches Projekt auf die Beine zu stellen, dass ich überhaupt nicht darüber nachdachte, wie das langfristig zu realisieren war. Wir wollten etwas tun, aber wie wir es zu zweit schaffen sollten, neben Vollzeitjobs regelmäßig Inhalte für eine Online-Plattform zu schreiben, das fragten wir uns nicht. In kürzester Zeit designte Eva unser TTG-Logo, und Manuel Puchta baute das virtuelle Zuhause in Form eines Online-Magazins. Schreiber:innen wie Sophia Wolff, Caroline Schwarz, Lena Grehl, Lamia Arslan und Caren Miesenberger und Fotograf:innen wie Brae Talon, Joanna Catherine Schröder und Dörte Fitschen-Rath veröffentlichten auf unserer Seite.

Wir veranstalteten eine Podiumsdiskussion mit anschließender Party zu dem Thema «Zwischen Girlpower und politischen Inhalten – wie Feminismus heute funktionieren kann». Als Gästinnen konnten wir die Autorin Teresa Bücker, Social-Media-Professorin Dr. Hanna Klimpe, die Autorin und politische Aktivistin Kübra Gümüşay und Caren Miesenberger gewinnen, moderiert wurde der Abend von der Journalistin Anna Schunck.

Es kamen um die vierhundert Menschen, nach zehn Minuten waren alle Stühle besetzt, eine halbe Stunde später platzte der Ort aus allen Nähten, vor der Tür war eine riesige Schlange. Kurz vor Beginn stand ich nervös hinter der Bühne, während Eva versuchte, schnell ein paar Lautsprecherboxen zu organisieren, um das Podiumsgespräch nach draußen für die wartenden Menschen zu übertragen. Ich überlegte gerade, wie ich mich unbemerkt wegstehlen könnte, als Kübra mich fröhlich mit den Worten «Du musst Melodie sein» begrüßte. Sie riet mir, in einem unbeobachteten Moment eine Superheldinnen-Pose einzunehmen, das würde ihr in solchen Momenten gegen die Aufregung helfen. Also stellte ich mich hinter einen Stapel Stühle und Getränkekisten, stemmte die Arme in die Hüften, atmete drei Mal tief durch und ging dann aufs Podium.

Die Veranstaltung und das dazugehörige Magazin waren wichtig, um mich auszuprobieren. Mittlerweile bin ich aus *Trust the Girls* rausgewachsen. Früher sagte ich, dass alle ein *Girl* sein können, die sich als *Girl* identifizieren. Heute stört mich, dass *Girl* eben trotzdem binär gedacht ist. Außerdem ist ein *Girl* ein Mädchen, ein Kind, keine erwachsene Frau mit all ihren vielen Erfahrungen, guten wie schlechten. Zu sagen, trust the girls, greift niemanden an, es wirkt harmlos, fast anbiedernd. Wir brüllen nicht «fuck the patriarchy», sondern fragen freundlich: Könntest du bitte den Mädchen vertrauen? Ich weiß heute, dass diese unverfängliche und bittstellende Aufforderung von weißen cis Frauen aus der Kreativbranche der Grund war, warum wir schnell viel Aufmerksamkeit auf uns lenkten. Heute würde ich es so nicht mehr machen, dennoch schätze ich die Kraft, die mir diese Zeit gab.

Im Spätsommer 2016 lernte ich Lydia Maurer kennen. Sie kam gerade aus Paris, wo sie lange Zeit als Designerin und Kreativdirektorin für namhafte Häuser wie *Yves Saint Laurent* und *Givenchy* arbeitete. Als sie mitbekam, wie ein Casting Director bei *Paco Rabanne* einem jungen Model sagte: «Boah, was sind das für riesige Brüste, das ist ja ekelhaft!», schmiss sie frustriert hin. In Berlin gründete sie ihr eigenes Bademodenlabel *Phylyda*, das viel mehr Kleidergrößen anbot, als auf dem Modemarkt damals üblich war. Mit ihr konnte ich mich zum ersten Mal offen über all den Irrsinn der Modewelt unterhalten, über die Darstellung von Frauen in den Kampagnen, die eingeschränkten Größen gerade im Luxusbereich und den ekligen Fetisch für sehr junge Models (die man im Modebusiness einfach nur «Mädchen» nennt). Normalerweise spricht man darüber nicht. Stundenlang tauschten wir Erfahrungen aus und fanden Anknüpfungspunkte für unsere Zusammenarbeit. Lydia war überzeugt, dass nicht die Kund:innen falsch waren, sondern die Modeindustrie. Wieso entwarfen Designer:innen ihre Teile an den Körpern von 14-jährigen Mädchen? Damit die eigentlichen Käufer:innen dann Mühe haben, ihre Arme in die superschmalen Ausschnitte zu bekommen, und sich schlecht fühlen? Lydia wollte, dass verschiedene und vor allem erwachsene Körpertypen ihre Entwürfe tragen. Welche mutige Innovation sie da eigentlich wagte, merkte ich bei meiner ersten Veranstaltung mit ihr, als eine Redakteurin eines großen Modemagazin aus München beim Anblick der Bikinis in Größe 54 sehr laut und unverschämt rief: «Also ich finde ja, dicke Frauen sollten gar nicht an den Strand gehen!»

Von anderen Frauenzeitschriften hörten wir, dass sie nur die Pressefotos mit den normschlanken Models drucken würden. Dicke Frauen wolle doch keiner sehen, schließlich bräuchten ihre Leser:innen etwas, von dem sie träumen können. Mich regte das auf, und ich fand, dass alle Körper, egal welche Form sie hatten, in Magazinen sichtbar sein sollten, dass jeder Körper an den Strand gehen könnte, wenn er/sie darauf Lust hatte. Auf das, was ich mit meinem eigenen Körper tun dürfte, bezog ich das jedoch nicht.

Als ich mir bei einer Freundin in Berlin Kleider für eine Party leihen wollte, reichte sie mir einen langen, geraden Rock aus Strick. Entsetzt schaute ich sie an: «So was kann ich nicht tragen.» «Du bist doch sonst so body positive, warum dann nicht bei dir selber?», erwiderte sie. Ich konnte mich in dem Rock kaum im Spiegel anschauen, zu groß schien mir mein Bauch, zu rund mein Hintern. Seit wann hatte ich keine körperbetonte Kleidung mehr getragen? Mein Spiegelbild war mir fremd. Sie machte ein paar schnelle Bilder mit dem Handy, aber die konnte ich auch nicht ansehen und entschied mich stattdessen für ein großzügig geschnittenes Wickelkleid. Später an dem Abend zeigte sie mir den Instagram-Account von Megan Jayne Crabbe, @bodyposipanda. Eine junge, runde Frau mit fliederfarbenen Haaren, die völlig ungeniert in Unterwäsche vor der Kamera tanzte und dabei einen Riesenspaß zu haben schien, darunter stand #donthatetheshake. Wow. Ich fand es regelrecht unangenehm, ihr zuzuschauen, aber gleichzeitig faszinierend. Wieso liebte sie ihre Cellulite und ihre Bauchfalten so sehr? Woher nahm sie den Mut, ihren wackelnden Hintern in die Kamera zu halten? Nie und nimmer würde ich mich das trauen. Im Leben nicht!

Ich folgte ihr trotzdem, genauso wie Jessamyn Stanley @mynameisjessamyn wenige Wochen später. Jeden Tag deren großen Körper in Yogaposen zu sehen, veränderte etwas in mir. Normalisierte diese Form. Vielleicht müsste gar nicht jeder schlank sein?

Für den Frauentag 2017 organisierte ich zusammen mit anderen Frauen einen Demozug, den wir, etwas naiv, «Sisters' March» nannten. Einen Monat vorher waren in den USA beim «Women's March on Washington» Hunderttausende auf die Straße gegangen, um für Frauen- und Menschenrechte zu demonstrieren. Davon inspiriert, wollten wir in Hamburg etwas auf die Beine stellen. Wir besorgten einen Lautsprecherwagen, von dem Missy Elliot und Beyoncé in die Menge schallten, und liefen bei strömenden Regen zusammen mit über 2000 Menschen durch die Hamburger Innenstadt. Irgendjemand brachte rosafarbene Pyro-Fackeln mit und zündete diese genau dann, als Cindy Laupers «Girls Just Wanna Have Fun» über den Jungfernstieg hallte. Wir hatten einen riesigen Spaß bei diesem Partyumzug, auch wenn oder gerade weil wir über Sprechchöre wie «Wir sind hier» politisch nicht hinauskamen. Djenna Wehenpohls Rede arbeitete Tage in meinem Kopf nach:

«Ich möchte euch motivieren, euch selbst zu hinterfragen, eure Positionen, eure Perspektiven und eure Privilegien kritisch zu hinterfragen. Auch wenn, oder gerade dann, wenn es nicht sonderlich angenehm ist. Ich bin nicht hier, um euch lobend auf die Schultern zu klopfen, dass ihr es heute hier auf den Hamburger Rathausmarkt geschafft habt. Vielmehr möchte ich darauf aufmerksam machen, welche vielen Gesichter und Körper heute nicht anwesend sind. Diese Veranstaltung heute ist eine überwiegend weiße, von der Konzeption, über die Organisationsstruktur bis hin zum Publikum. Ich sehe hier heute eine tolle Masse an Menschen, die gerade aktiv werden. Aber auch eine Masse, in der viele Leute fehlen. Und ich frage: Wo sind all die ‹anderen›? Wo sind meine Schwarzen,

meine asiatischen, meine Latinas, meine latinx, meine muslimischen, meine lgbtqia+ und meine immigrierten Sisters, wo sind meine, im schwarzpolitischen Sinne: SISTA:S?!»

Etwa zur gleichen Zeit zeigte Lydia mir das «All Women Project» (später in «All Womxn Project» umbenannt), eine Initiative der Models Clémentine Desseaux und Charli Howard. Deren Agentur feuerte sie, als sie ihnen nicht mehr dünn genug waren. Mit ihrem Projekt wollten die beiden zeigen, dass alle Frauen «schön» sind, nicht nur die, die dem normierten Ideal entsprechen und von Plakatwänden und Magazincovern lächelten. Sie organisierten Fotostrecken mit Frauen unterschiedlichster Körperformen, Altersstufen und Hautfarben und veröffentlichten diese unretuschiert auf ihrer Webseite. Für mich waren diese Bilder mind-blowing, noch nie hatte ich eine Kampagne mit Frauen gesehen, die nicht schlank oder superjung waren, und wo diese Tatsache nicht «erklärt» wurde oder gar Zweck der Anzeige war. Wenn ich mir die Bilder des «All Womxn Project» heute anschaue, fällt mir sofort auf, dass keine Frau mit sehr großem Körper, keine trans Frau und niemand mit sichtbarer Behinderung gezeigt wurde. Ganz so «all women» wie behauptet war das Projekt nicht. Damals aber war schon alleine die Tatsache, dass Frauen abseits der Idealmaße – von zierlich bis dick – gezeigt wurden, weltbewegend für mich.

Das war die Inspiration für unser erstes gemeinsames Kampagnen-Shooting für *Phylyda*. Wir wollten Frauen zeigen, die eben nicht die typische, dünne, weiße Modelfigur hatten, sondern die Körpervielfalt, die wir jeden Tag auf der Straße sahen, abbildeten. Lydia erzählte mir, dass sie schlechte Erfahrungen mit Modelagenturen gemacht hatte. Als sie Models mit verschiedenen Körpertypen für ihre allerersten Werbefotos suchte, sagten ihr viele, sie solle sich wieder melden, wenn sie «normale Mädchen» wollte. Es war überraschend schwierig, Frauen zu finden, jedoch hatten wir mehr Probleme, schlank gelesene Frauen zu casten. Viele lehnten ab, weil sie lieber ein paar Monate Sport machen wollten, bevor sie bei einem Bikini-Shooting dabei waren. Ich dagegen wollte unbedingt mitmachen, das war mir von Anfang an klar. Ich wollte genauso selbstbewusst sein wie meine Vorbilder auf Instagram.

Wenn mir heute jemand zu meinem Mut gratuliert, mich so zu zeigen, wie ich bin, wundere ich mich. Es sagt viel über die Kultur aus, in der wir leben, dass wir es «mutig» finden, wenn sich Menschen so präsentieren, wie sie sind. Damals schien es mir in der Tat als große Hürde. Ein Körper wie meiner wurde nicht in Zweiteilern in leuchtenden Farben präsentiert, sondern durfte sich höchstens in kaschierenden Badeanzügen in dunklen Farben mit Tuch um die Hüften zeigen. Ich musste all meinen Mut zusammennehmen, besonders am Morgen des Shootings, direkt bevor es losging. Als ich fertig geschminkt und frisiert mit den anderen am Set stand, wurde mir mulmig. Die Fotografin war Julia Marie Werner (sie machte auch das Bild für das Cover dieses Buches), und unsere Modelgruppe bestand aus der Stylistin Adelaida Cue Bär, der *Fashion Africa Now*-Gründerin Beatrace Angut Oola, der Theaterreferentin Corinna Humuza, der Illustratorin Eva Dietrich, der Sängerin Ilgen-Nur Borali und der Bloggerin Luciana Blümlein.

Als ich den Bademantel ausziehen und mich mit den anderen vor die Kamera stellen sollte, klopfte mein Herz bis zum Hals. Wieso hatte ich nicht ein bisschen mehr Sport gemacht? Ich fand andere Frauen mit dick_fetten Körpern wunderschön, aber mich selber?

Ich war noch nie vorher an einem Set, wo die Stimmung so entspannt, ungezwungen und positiv war. Wir haben viel gelacht, zu Beyoncés «Run the World (Girls)» getanzt (was für ein Klischee) und uns gegenseitig in den Armen gelegen. Keine Frau sagte etwas Negatives über ihren Körper. Dass mir das auffiel, zeigte mir, wie normal die abfällige Selbstbetrachtung bisher für mich gewesen war – so oft hatte ich erlebt, wie Models sich über ihre hängenden Oberarme beschwerten und die Schenkel zwischen den Finger quetschten, um ihre Cellulite zu präsentieren. Bei uns spielte das keine Rolle, und wir alle wussten, wie wertvoll dieser Moment war. Ich bewahre die Erinnerung an dieses wohlige Gefühl bis heute wie einen Schatz.

Als die fertigen Bilder von der Fotografin kamen, packte ich sie zusammen mit einem Text in ein Paket für die Presse und verschickte es. Natürlich erhofften wir uns, dass die Fotos gut ankommen würden, aber wir hatten nicht absehen können, wie gut. Normalerweise erscheinen Kollektionsfotos vielleicht als unkommentierte Bebilderung in ein oder zwei Ausgaben, über unsere aber schrieben Zeitungen ganze Artikel! *Der Tagesspiegel* brachte eine ganze Seite darüber; über dem Text prangte ein Foto von Ilgen-Nur und mir mit der Überschrift «Frei baden». *i-D* schrieb: «Diese Bademode feiert deinen Körper – egal welche Figur du hast.» Bei *Myself* stand: «Der Körper ist noch nicht in Bestform? Egal. Jetzt passt sich der Bikini uns an.» Und bei *Emotion*: «Für jede von uns. Egal ob schmal, kurvig oder rund.» Bademoden in allen Größen zu zeigen, klingt nach einem kleinen Schritt, aber die Reaktionen zeigten: Wir hatten wirklich etwas Außergewöhnliches kreiert.

Ich postete diese und die Fotos einer weiteren Kampagne mit einem Berliner Matratzenhersteller überall. Erst dann begann ich, mich und meinen großen Körper selber zu fotografieren. Ich zog hellblaue Unterwäsche an, die ich extra dafür bei einem kleinen Label in Spanien bestellte, positionierte mein Handy auf einer Leiter, aktivierte den Selbstauslöser und setzte mich mit angewinkeltem Bein aufs Bett. Nach dem Klick lief ich zum Display und erschreckte mich vor mir selber auf den Bildern. War ich das? Es dauerte Stunden, bis ich ein Bild hatte, mit dem ich zufrieden war. Ich wollte möglichst natürliche Posen und verwendete viel Zeit auf mein Make-up, das man möglichst nicht sehen sollte. Die Bilder sollten beiläufig wirken, als wäre es kein eigens produziertes Foto, als würde mich zufälligerweise jemand in entspannter Pose fotografieren. Man sollte nicht sehen, ob ich den Bauch einzog oder meinen Körper drapierte, damit er möglichst attraktiv und curvy, aber auf gar keinen Fall dick aussah.

Die vielen Bilder zu sehen, die, die ich als gelungen empfand, und die, die ich am liebsten sofort löschen wollte, war eine bestärkende Erfahrung. Diese Zeit war wertvoll, ich schaute mich immer wieder durch die Linse meiner Kamera an, und das ließ mich mich selber neu sehen. Ich lernte mich und meinen Körper neu kennen. Vor dem Spiegel zu stehen und mich wohlwollend zu betrachten, war der erste Schritt. Mich im Sitzen oder Liegen zu fotografieren, zeigte mir meinen Körper in völlig ungewohnten Positionen. Je mehr ich von mir sah, desto weniger wollte ich mir ein Kissen vorhalten oder den Bauch einziehen, um mir zu gefallen. Ich genoss die Inszenierung meiner selbst vor meiner Kamera, wo ich mir so viel Zeit lassen konnte, wie ich wollte. Hier konnte ich alles kontrollieren, und das erlaubte mir loszulassen. So wie die Beschäftigung mit feministischen Inhalten mir vorher erlaubt hatte, meine Kraft zunehmend in meiner Community und mir selber zu finden, erlaubte mir die Selbstinszenierung jetzt, die toxischen Vorstellungen von meinem eigenen Körper aufzugeben. Mit dem Posten der Bilder auf Instagram wollte ich Teil sein dieser großen, wunderbaren Gemeinschaft, in der Menschen aus aller Welt ihre Körper endlich zeigten, egal welche Form sie hatten.

Einige meiner Follower:innen fanden meine neuen Selfies dreist. Sie folgten mir wegen der Hamburger Modelabels, meinen dunkelblauen Wohnzimmerwänden und den vielen Pflanzen und waren brüskiert, welche Themen ich auf einmal behandeln wollte. «Wegen dir hab ich eben meinen halben Kaffee ausgespuckt», meinte eine mich wissen lassen zu müssen. «Da braucht man ja 'ne Warnung, ich muss dir jetzt leider entfolgen», schrieb eine andere.

«Du zeigst viel zu viel von dir, du checkst deine Grenzen wieder nicht», sagte mir eine Freundin. War es wirklich zu viel? Sie hatte recht, ich checkte meine Grenzen nicht, weil ich meine Grenzen nicht mehr mochte. Weil ich mehr wollte als das, was ich mir bisher erlaubte. Ich wollte ein Ausrufezeichen sein. Ich wollte mich nicht mehr verstecken und schmaler machen, sondern groß und dick sein, sodass alle ihren Kaffee ausspuckten – vor Bewunderung!

Ich fing an, auf den Fotos den Hintern rauszustrecken, den Bauch mehr zu wölben und die Speckrollen zu verdoppeln. Es war ein Befreiungsschlag, sollten doch alle meine dicken Arme sehen! So sehen Menschen nun mal aus. Das ist mein Körper, ich mache damit, was ich will. Deal with it.

Nachdem ich zuerst nur kurze Sätze wie «Bellyroles before Gender Roles» darunterschrieb, wurden die Texte irgendwann länger. Alles schrieb ich mir von der Seele – vom früheren Zwang, mich ständig zu wiegen und meinen Selbstwert von dieser Zahl abhängig zu machen. Vom ständigen Hunger und der daran geknüpften Hoffnung, meinen Körper durch konstante Nahrungsmittelverknappung endlich in eine liebenswerte

Form zu schrumpfen. Vom tiefsitzenden Gefühl von Scham und Wertlosigkeit, weil ich diesen Punkt nie erreichte. Über die einengenden Vorstellungen unserer Kultur, wie ein weiblich gelesener Körper aussehen soll. Und von der neu errungenen Freiheit, meinen weichen Bauch in Crop-Tops zu feiern.

Als im Sommer 2018 der Anruf von Kasia Mol-Wolf, der Herausgeberin der Zeitschrift *Emotion*, kam und sie mich fragte, ob ich Lust hätte, auf dem Cover zu sein, sagte ich sofort ja. Aber dennoch, mein erster Gedanke, nachdem ich auflegte, war: «Dann kann ich ja wieder nicht abnehmen.» Trotz all der Positivity, all des Empowerments und all der Community Power: Auf meinem inneren Moodboard klebte der Wunsch, irgendwann dünn zu sein.

Ich hatte Angst davor, dass wieder das Gleiche passierte wie bei vielen Shootings vorher: nichts würde mir passen. Zig Mal war ich in den letzten Monaten auf Fotoshootings von Frauen- oder Modezeitschriften gewesen, bei denen mir keins der mitgebrachten Teile passte. Stylist:innen gingen davon aus, dass L reichen müsste, oder bestellten Sachen in einer italienischen Kleidergröße und wunderten sich dann, wenn sie zu klein waren (die italienische Größe 46 entspricht der deutschen Größe 40). Deswegen fing ich an, vorsorglich meine eigenen Sachen einzupacken, um niemanden und vor allem nicht mich in diese peinliche Lage zu bringen. So war es auch – Tage vorher rief mich der sehr engagierte Stylist an und ließ mich wissen, dass die Pressebüros nichts in meiner Größe schicken könnten. *«Tut mir wirklich leid, ich habe alles versucht!»* Das verunsicherte und frustrierte mich. Es war das bisher wichtigste Foto, und ich sollte darauf wieder in meinen eigenen Klamotten erscheinen?

Auf dem Weg zum Studio bekam ich dann meine Periode und

fühlte mich wie ein aufgeblähter Luftballon. Zum Glück waren am Set alle sehr bemüht um mich. Ich fühlte mich wertgeschätzt, und dank einer tollen Fotografin entstanden viele großartige Bilder.

Zwei Monate später lag das Heft mit mir vorne drauf an Kiosken in ganz Deutschland – ich trage ein T-Shirt mit Regenbogen-Boobs und meine kupferfarbene Unterhose und strahle wie eine Weltmeisterin, meine Haare sitzen perfekt. Ich sehe so schön aus, wie ich mich bei der Produktion gefühlt habe. Auf einem Bild im Heft ist nur mein Hintern in einem weißen Bodysuit zu sehen, kurz zuvor hatte ich mich in einen Haufen Glitzer gesetzt.

Danach wurde ich von Zeitschriften als «Die Body-Positivity-Stimme Deutschlands» verkauft. Die *InStyle* stellte mich in einem Beitrag über den «neuen Instagram-Trend», Dehnungsstreifen und Cellulite zu zeigen, vor: «Die 41-Jährige aus Hamburg ist die deutsche Vorzeigefrau, wenn es um die #bodypositivity-Bewegung geht. Sie ist nicht nur ein curvy Superstar, sie hat mit *Trust the Girls* auch eine Bewegung ins Leben gerufen, die jede Frau feiert.» Das *Hamburger Abendblatt* setzte mit «Melodie Michelberger ist Hamburgs coolste Feministin. Sie hat eine moderne Art der Frauenbewegung erfunden. Sie posiert halb nackt vor der Kamera, obwohl sie keinen perfekten Körper hat» sogar eins drauf. Puh. Das war mir alles ein bisschen viel, schließlich trug ich bisher nicht viel mehr bei, als ein paar Fotos in Unterwäsche und zackige Instagram Captions. Im Vergleich dazu waren Feminist:innen und Fettaktivist:innen wie Magda Albrecht, Roxane Gay, Virgie Tovar oder Charlotte Cooper, die Bücher, Essays und Workshops zu Fat-Liberation produzierten, an einem ganz anderen Punkt. Mir war es wirklich unangenehm, im deutschsprachigen Raum auf einmal dermaßen im Mittelpunkt zu stehen.

Ich setzte mich mehr mit der Geschichte der Body Positivity, die aus der Fat Liberation entstand, auseinander. Ich wollte mehr über diese internationale Bewegung erfahren, die ich bislang nur aus Instagram-Postings kannte. Umso mehr ich darüber lernte, umso unangenehmer wurde es mir, Body Positivity einfach ohne viel darüber nachzudenken verwendet zu haben. Während es in meiner Feel-good-Instagram-Blase häufiger darum zu gehen schien, sich auf jeden Fall und ohne Unterlass in Selbstliebe – *«love your flaws!»* – zu suhlen, ging es der ursprünglichen Body-Positivity-Bewegung um politische Ziele. Nicht darum, wie Einzelne ihren eigenen Körper betrachten, sondern die Art und Weise, wie die Gesellschaft größere Körper behandelt. Sie bekämpfen die gesellschaftliche Diskriminierung und Ausgrenzung von dick_fetten Menschen. Die Beiträge von eindeutig dünnen, sehr oft weißen Frauen, die ihre vermeintlichen Makel – winzige Rollen Bauchfett, die sich bei jeder Person im Sitzen bilden, oder leichte Dellen an den Oberschenkeln – mit #bodypositive feierten, fand ich zunehmend problematisch.

Jetzt als das Gesicht dieser Bewegung verkauft zu werden – das passte nicht. Nicht nur, weil ich erst seit relativ kurzer Zeit einen größeren Körper habe, sondern weil ich mit jeder Menge Privilegien ausgestattet bin. Ich bin weiß, habe blonde Haare, blaue Augen und ein hübsches Gesicht – auch wenn ich selbst das oft überhaupt nicht fühle, bin ich relativ nah am Schönheitsideal. Dazu kenne ich mich mit Mode und ästhetischen Bildern aus und habe dank meines vergleichsweise kleinen Körpers Zugang zu vielen Welten, die anderen verwehrt werden. Je mehr ich das reflektierte, desto mehr wurde mir klar, warum eine Frau wie ich vorangestellt wird, wenn es Medien darum geht, den neuen «Körpertrend» Body Positivity auszurufen. Ich wirke nicht besonders radikal oder bedrohlich, für mich kann man gerade noch Akzeptanz aufbringen, ohne dass zu viel geändert werden muss. Leider heißt das im Umkehrschluss, dass viele andere, zum Beispiel Schwarze Menschen und jene mit größeren Körpern, unsichtbar gemacht werden. Denn umso mehr weiße, als attraktiv gesehene Frauen ihre Posts mit dem Hashtag #bodypositivity versehen, umso weniger Aufmerksamkeit bekommen die Beiträge von dick_fetten, queeren, nicht-weißen Menschen. Der Status quo ändert sich, aber so wenig, dass er die meisten Betroffenen dennoch nicht berücksichtigt. Also hörte ich auf, den Hashtag #bodypositivity zu verwenden.

Diese Auseinandersetzung inspirierte mich, mich aktivistischer zu positionieren. Ich wollte nicht nur zeigen, dass dicke Menschen Unterwäsche tragen können, nicht nur Sehgewohnheiten von Menschen durcheinanderbringen, sondern Ungerechtigkeiten ansprechen. Meine eigenen, verschrobenen Sehgewohnheiten gaben mir mein Leben lang das Gefühl, dass ich «zu dick» und aus diesem Grund nicht schön genug war. Diese negativen Gedanken hatten weitreichende Konsequenzen. Ich wollte jetzt etwas kreieren, das den Schmerz und die Wut, die ich in mir trug, zum Ausdruck bringt.

Zusammen mit meinen Freundinnen Eva Dietrich und Julia Werner kreierten wir ein Konzept für eine Fotostrecke, die wir «More Than a Body» nannten. Ausgangspunkt war der Gedanke, dass ein weiblicher oder femme Körper nicht per se ein Objekt sein muss und erst recht kein ornamentales. Dass auch und gerade in Unterwäsche wichtige Botschaften stecken. Mein Körper ist mehr als eine Hülle, mehr als ein Ding, mehr als nur ein Körper und eben doch mein Körper, der mich durch diese Welt trägt. Gemeinsam schrieben wir mit Farbe und Pinsel Botschaften und Wörter auf meinen Rücken, Arme und Bauch. Wir waren sehr emotional während des Fotografierens, und mein Lieblingssatz brachte uns alle drei zum Weinen:

«I am proud of the woman I am today, cause I went through one hell of a time becoming her.»

Den Spruch hatte ich im Instagram-Account von Halle Hathaway gesehen, die ihn wiederum irgendwo im Internet aufgeschnappt hatte. Bis heute ist nicht herauszufinden, wer für diese Zeilen verantwortlich ist.

Als mir Julia wenige Tage später die Fotos schickte, war ich sprachlos. Obwohl ich selbst auf den Fotos abgebildet war, berührten sie mich auf eine Weise, die mir neu war. Wie geplant, postete ich die Bilder auf meinen Instagram- und Facebook-Kanälen. Sie bekamen in Windeseile so viele Likes, dass mir fast schwindelig wurde. Ich kam gar nicht hinterher, die vielen Kommentare und Nachrichten zu beantworten. «Ich bin so hart verliebt in dich und deine Vibes! Jedes Wort will ich unterstreichen, und diese Kraft, diese Kraft ist so umwerfend positiv und wertvoll!» oder «Ich möchte dir auf diesem Wege sagen, wie bewegend und ermutigend deine Fotos sind. Es hat etwas gemacht, diese Fotos anzusehen, und ich wünsche mir, dass die Saat body positivity in ganz vielen Köpfen keimt.»

Das Foto mit meinem Lieblingsspruch berührte besonders viele Menschen, es hat heute über 3500 Likes und wurde über 139 000 Mal angeschaut. Mit diesem Echo rechneten wir nicht, als wir vor Ergriffenheit heulend im Fotostudio in Altona standen. «More Than a Body», unsere Idee, unser Herzblut ging viral – das war unglaublich! Wenig später begannen Konten mit Hunderttausenden Abonnent:innen das Foto zu teilen: Rosario Dawson postete es sowie das von Jameela Jamil initiierte *I Weigh*-Projekt. Nachdem dann @feminist und @theall womxnproject, von dem ein Jahr vorher die Inspiration für das

Phylyda-Shooting kam, das Foto teilten, flogen mir die Herzchen, Re-shares und Kommentare um die Ohren. Ehrlich gesagt
war ich davon ganz schön überfordert. Da stand 340 000 Likes,
aber was hieß das? Außerhalb der App hat diese Art von
«Erfolg» wenig Bedeutung. Auch nach 3000 Shares änderte sich
nicht die Art, wie ich mich durch meinen Kiez bewege. Auf einmal schrieben mir Frauen und Femmes aus aller Welt, dass sie
sich mit dem Spruch (von dem ich nicht weiß, wer ihn geschrieben hat) auf meinem Körper identifizierten. Es war anstrengend, den vielen Nachrichten mit teilweise sehr persönlichen
Geschichten über Essstörungen und Körperhass gerecht zu
werden, schließlich wollte ich allen antworten. Denn ich fühlte
die Verbindung zu ihnen, erkannte die Kraft, die in unserer
Gemeinschaft liegt. In meinem Instagram-Posteingang stapelten sich die Fragen dazu, wie ich es denn geschafft hatte, meinen Körper zu lieben und ihn selbstbewusst vor der Kamera zu
zeigen. Am liebsten wollten sie einen klaren Fünf-Punkte-Plan,
wie dieses Selbstbewusstsein schnell zu erreichen ist. Aber
woher sollte ich den zaubern? Ich musste mich selber erst einmal daran gewöhnen, an diesem Punkt zu sein, dass ich eine
Inspiration für andere war, wo ich mich doch viele Jahre damit
beschäftigt habe, mich ungenügend zu finden. Und wieso war
es radikal, mich zu zeigen, wie ich nun mal war?

Nachdem eines der «More Than a Body»-Fotos mit einem kleinen Feature im *Stern* landete, erhielt ich eine E-Mail von der
TV-Talkshow *Maischberger*, die mich als Gästin zum Thema
«Ernährung als Religion: Kann denn Essen Sünde sein?» ein-
luden. Ich war wirklich baff, irgendwie stolz, aber gleichzeitig
direkt besorgt. Was weiß ich denn über Essen? Erwarteten sie,
dass ich genau erklären könne, wie Ernährung funktionierte?
Die Redakteurin sagte mir am Telefon, ich sollte die Anti-Diät-

Position einnehmen und mit anderen Gäst:innen darüber diskutieren, was «richtige Ernährung» ist. Also las ich alles, was ich finden konnte, und versuchte, mir schlaue Sätze zu überlegen, für den Fall, dass mir mal nichts einfiel. Ich wollte mich auf keinen Fall blamieren. Mit mir zu Gast waren ein Bestsellerautor, der Ernährungsanleitungen schrieb, eine Schauspielerin, die dank Intervallfasten «endlich entspannter» war, eine Moderatorin, die der festen Überzeugung war, «zuckersüchtig» zu sein, eine Vertreterin der Lebensmittelindustrie, die der festen Überzeugung war, industriell verarbeiteter Zucker sei überhaupt kein Problem, und ein Psychologe, der die Vielfalt der Körpertypen für unterschätzt hielt. Im Backstage-Bereich begrüßte mich die Schauspielerin mit den Worten «Sie sehen aus wie von den Bhagwan», weil ich eine strahlend orangefarbene Wickelbluse mit passendem Rock trug. In dem Moment begrüßte mich der Psychologe mit den Worten «Sie müssen die andere Diät-Gegnerin sein!». Dann bedienten wir uns zusammen an der mit Erdbeeren und Süßigkeiten überladenen Etagere, während in der anderen Ecke die Moderatorin die Nase in einen Ordner steckte, um sich die Zahlen zum Zuckerkonsum einzuprägen. Kurz vor der Aufnahme war ich so aufgeregt, dass ich kaum einen klaren Gedanken fassen konnte. Ich erinnerte mich an die Worte meiner Freundin einen Tag zuvor: *«Enjoy the ride!»* Also versuchte ich, mich darauf zu konzentrieren, Spaß zu haben. Im Gänsemarsch liefen wir alle der Moderatorin hinterher ins grell erleuchtete Fernsehstudio. Kurz vor der Aufnahme rief Frau Maischberger «So ein schönes Kleid hatten wir noch nie in der Sendung, Frau Michelberger!» durchs Studio, und dann ging es los. Der Bestsellerautor bekam jede Menge Zeit, um sein «System» vorzustellen, bei dem er Lebensmittel anhand von Ampelfarben einteilte. «Wie innovativ», dachte ich. In jedem zweiten Satz erwähnte er: «Die Dosis macht das Gift.»

Ich war so genervt, dass ich ihn am liebsten mit «Lebensmittel sind doch kein Gift, was reden Sie für einen Quatsch» unterbrochen hätte. Gleichzeitig fühlte ich mich so nervös und fehl am Platz, dass ich kaum den Mund aufmachte. Die anderen stritten sich. Der Autor behauptete, dass Milchkonsum Krebs auslöse, woraufhin der Psychiater schimpfte und irgendwas von Tempelrittern erzählte. Ich verlor fast den Faden und war froh, nicht angesprochen zu werden. Gegen Ende der Sendung wurde ein kurzer Einspieler von mir (natürlich in Unterwäsche) gezeigt und ich erzählte, wie krank mich Kalorienzählen und die Einteilung in gesunde und ungesunde Lebensmitteln machte. Und dann war es schon vorbei.

Ich saß seither auf vielen Podien, oft weniger nervös, und erzählte meine Geschichte, gab Radiosendern Interviews zum Thema Schlankheitswahn und ließ mir von TV-Sendern «mein Geheimnis zu mehr Körperliebe» entlocken. Oft kommen nach Veranstaltungen Menschen zu mir und überreichen mir handgeschriebene Karten oder kleine Geschenke. Viele sehen mich als eine Frau, die es geschafft hat, sich dem Körperwahn zu entziehen, die ihr Ding macht und der egal ist, was andere über sie sagten. Schön wär's! Ich stehe nicht jeden Morgen auf, gehe zum Spiegel und werfe mir eine Kusshand zu. Und es fällt mir nicht jederzeit leicht, mich in wenig Kleidung zu zeigen. Auch wenn viele das erwarten; schon mehrmals wurde ich mit den Worten begrüßt: «Ach, wir haben gedacht, dass du in Unterwäsche kommst!»

Genauso erwarten einige von mir, Fragen zur Befindlichkeit aller dick_fetten Menschen zu beantworten. Als wäre ich die Pressesprecherin aller Dicken! In Interviews werden mir zuweilen unmöglich abwertende Fragen gestellt. Eine Fitnessredakteurin hielt es für dringend notwendig, mich zu fragen:

«Du bist ja noch okay-dick, aber so richtig Dicke findest du doch auch nicht mehr gut, oder?!» Oder sie wollen Statements dazu, «was dicke Menschen so machen». Ich möchte diese Negativitäten hier nicht detaillierter teilen, weil es mich wütend macht, dass diese Fragen überhaupt gestellt werden.

Ganz ehrlich? Ich habe keine Lust darauf, in diese Ecke gedrängt zu werden. Weder kann, noch will ich für alle dick_fetten Menschen sprechen, und ich will auf keinen Fall «den Lebenswandel» dick_fetter Menschen erklären. Denn den einen Lebenswandel gibt es sowieso nicht. Oder wollen sie mir eine Falle stellen? Wollen sie von mir hören: «Ja, stimmt schon, es ist gefährlich, wenn ...»? Damit sie ihre eigene, fettfeindliche Position von einer dicken Person gerechtfertigt wissen? Damit sie dann sagen können «Ich kenne eine Dicke, die findet auch nicht okay, dass ...»?

Vor kurzem wollte ich selbst ein #donthatetheshake Video aufnehmen, wie Megan von @bodyposipanda. Damit wollte ich mir selbst beweisen, wie weit ich bereits gekommen bin. Meine Leiter habe ich mittlerweile gegen ein Stativ eingetauscht und mir eine professionelle Kamera gekauft. Ich zog meine neue gelbe Lieblingsunterwäsche an, machte «Truth Hurts» von Lizzo an, startete die Aufnahme und tanzte los. Möglichst ungezwungen und gleichzeitig ausgelassen. Ich warf die Arme in die Luft, wackelte mit dem Hintern und drehte mich durchs Wohnzimmer. Nach ein paar Minuten hörte ich auf. Ich fühlte mich weder ausgelassen noch ungezwungen, sondern gestelzt und verkrampft. Das ist einfach nicht mein Ding. Ich fühle es nicht. Und das ist okay; nicht alles, was andere auf ihrem Weg zu einem entspannten Körpergefühl veranstalten, funktioniert für mich.

Für mich ist es kein abgeschlossener Prozess, an manchen

Tagen fühle ich mich richtig gut, da könnte ich glatt mit Unterwäsche auf die Straße gehen, an anderen zweifle ich alles an. Das ist menschlich. In mir stecken viele Glaubenssätze der Diätkultur. Immer wenn ich meine, den Durchblick zu haben, ertappe ich mich dabei, wie ich in problematischen Phrasen über Körper rede. Es ist eine aktive Arbeit, sich davon loszusagen, all die Wörter zu vergessen und die Zahlen nicht mehr anzuhimmeln.

Vergleichsweise einfach ist es, einen inspirierenden Spruch bei Instagram zu posten: «Liebt euren Körper, keiner ist perfekt!» Aber zu konfrontieren, inwiefern Fettfeindlichkeit dank jahrzehntelanger Indoktrination mit Diätkultur in mir festsitzt, ist weitaus komplizierter. Die Auseinandersetzung damit, wie schlimm, lächerlich und gefährlich die Welt und mein Umfeld, meine Familie, meine Freund:innen und manchmal auch ich selber meinen dicken Körper finden, ist schmerzhaft und anstrengend. Ich bin empfindsamer geworden, Witze über Dicke, die ich früher einfach überhört hätte, spüre ich jetzt als Verletzung. Als ich eine Podcast-Episode von zwei jungen Bayern hörte, die frank, frei und brutal über «dicke Dorfkinder» herzogen, brauchte ich einen Tag weinend unter der Bettdecke, um mich wieder rauszutrauen.

Neben den vielen Tausenden positiven Kommentaren zu meinen Bildern gibt es natürlich Menschen, die meinen, etwas Fieses schreiben zu müssen. Sobald ein Interview oder Video mit mir irgendwo erscheint, sammeln sich darunter die Vorwürfe. Sie beschuldigen mich, ihnen meinen Körper zuzumuten: «Yes, you are more than a body, you are a potential candidate for heart disease, diabetes, and cancer.» Allein die Tatsache, dass ich meinen Körper zeige und mich nicht verstecke, gibt manchen Menschen Anlass, derart gewaltvoll zu reden.

Erst seit ich nicht mehr dogmatisch und streng mit meinem Körper / meiner Ernährung bin, habe ich überhaupt zugenommen. Und das war am Anfang keine bewusste Entscheidung. Ich habe nicht zu mir selbst gesagt: «So jetzt ist Schluss, es reicht, ich pfeife auf das Schönheitsideal, das ist eh nur dafür da, dass ich mich schlecht fühle und irgendwelche Produkte kaufe.»

Nein, es ist einfach passiert. Ich hörte auf, Kalorien zu zählen und exzessiv Sport zu machen. Als ein Date zu mir sagte, dass er «dicke Frauen attraktiv fände», fragte ich mich, wen er meint. Ich, dick? Es hat gebraucht, mich selbst damit anzufreunden. Mein Körper hat wahrscheinlich geseufzt und gedacht – na endlich! Und erst mit diesem neuen Gewicht, gegen das ich bis dahin verbissen gekämpft hatte, kam der Moment des Loslassens. Ich ließ die Sorge los, nicht schlank genug zu sein, die Sorge, nicht mehr in eine bestimmte Kleidergröße zu passen, die Sorge, dass sich dann niemand mehr in mich verlieben würde.

Umso mehr ich mich und dieses neue Gewicht annahm, umso mehr wurden mein Körper und ich wieder eins.

VI

Sich selbst lieben, wie geht das denn?

Verlier Hass, nicht Gewicht.

Virgie Tovar

Die Frage, die mir mit Abstand am häufigsten gestellt wird, lautet ungefähr so: «Wie hast du es denn geschafft, so ein starkes Selbstwertgefühl zu bekommen?» Am besten wäre es, ich hätte dann eine Liste mit fünf Tipps zur Hand, zum Abhaken. Ich wünschte, ich könnte so etwas aus dem Ärmel zaubern. Eine einfache Wegbeschreibung ins Land der körperpositiven Glückseligkeit. Die Krux daran: Selbst wenn du es geschafft hast, dich von fettfeindlichen Blicken auf dich selbst und andere zu befreien – du lebst immer noch in einer Welt, die von der Diätkultur geprägt ist, daran ändert keine abgearbeitete To-do-Liste etwas. Bei jedem Einkauf, in jeder Werbung, jedem Film treffen wir auf diese Glaubenssätze und werden damit konfrontiert, was wir an uns eben auch optimieren könnten. Neuerdings gehört zu den vielen Baustellen an uns die sogenannte «Self Love» oder «Body Positivity», für die wir ganz viel «Self Care» betreiben sollen. Es steht auf Taschen, T-Shirts und in Instagram Captions: Wir alle sollen unseren *Body* ständig *positive* finden. Fitnesskurse und Gesichtsmasken sind jetzt Mittel, diesen vermeintlich heilenden Zustand zu erreichen.

Letztens wurde ich von einem Blumenversandhandel für eine
«Body-positive-Kampagne» angefragt. Unternehmen drucken
dieses Begehren als flotten Spruch auf Badezusätze und Keks-
packungen und tun so, als könnte man Optimismus in praktisch
portionierten Einheiten kaufen. Wenn es nur so einfach wäre,
einen Tee aufbrühen oder in die warme Badewanne steigen –
und schwupps, finde ich mich richtig toll und liebe mich selber.
Fall nicht darauf herein.

Denn es ist nie genug, irgendwas ist immer falsch: zu dick,
zu dünn, zu groß, zu klein, zu flachbusig, zu großbrüstig, zu
behaart, zu faltig. Und jetzt: nicht positiv genug. Denn ent-
sprichst du nicht den gängigen Idealen, sollst du dich wenigstens richtig *positive* finden. Ständig sollen wir etwas leisten.

Das Einzige, was mir wirklich half, ist zu erkennen, welche
strukturellen, fettfeindlichen Hindernisse es gibt, welche Sys-
teme von diesen profitieren, und welche negativen Botschaften
sie mir einpflanzen wollen, um ihren Profit zu steigern. Dafür
musste ich mich meinen eigenen Vorurteilen stellen. Das ist
keine angenehme Arbeit, vor allem, wenn man glaubt, man
hätte eigentlich gar keine. Vor der Arbeit an diesem Buch hätte
ich steif und fest behauptet, nicht besonders fettfeindlich zu
sein. Klar, ich verstand nicht alle Feinheiten der Diätkultur, aber
so was wie Diätsprache verwendete ich sicher nicht mehr! Und
der Blick auf mich selbst war nun wirklich ausschließlich liebe-
voll. Schließlich war ich doch eine, die jetzt mit Magazinen und
im Fernsehen darüber sprach, wie es sich im Land der körperpositiven Glückseligkeit lebte. Pustekuchen.

Ich musste mich der Erkenntnis stellen, dass die Diätkultur derart subtil und perfide konstruiert ist, dass unbewusste
Vorurteile in meinem Denken eine Rolle spielen. Alles ist viel
komplexer, als ich annahm. Und das Ding ist: Es gibt kein Leben

außerhalb der Diätkultur. Das zu reflektieren und wirklich zu durchdenken, kann sehr schmerzhaft sein. Und es gibt dafür keine Anleitung, die auf jeden Menschen passt.

Es ist natürlich eine himmelschreiende Ungerechtigkeit, dass diejenigen, die von Diskriminierung betroffen sind, dann die Aufgabe bekommen, möglichst pragmatische oder gar positive Wege zu finden, mit dieser Diskriminierung zu leben. Ich will eigentlich gar keine Liste mit Tipps schreiben, weil nichts davon an den systemischen Ursachen etwas ändert. Nichtsdestotrotz müssen wir in dieser Welt leben und einen Umgang mit ihr finden. Also schreibe ich dennoch auf, was mir hilft. Keine von diesen Aufgaben habe ich abgeschlossen oder «erledigt». Sie begleiten mich weiterhin, zuweilen ändert sich ihr Fokus, manchmal verschiebt sich die Bedeutung, aber sie bleiben alle relevant. Ich lerne ständig dazu.

Ändere deine Sehgewohnheiten

Als ich das erste Mal dick_fette Menschen in einer Mode-kampagne sah, blieb mir die Spucke weg, als ich das erste Mal Meg Boggs sah, wie sie in einem Instagram-Video mit dem Hintern wackelte, dachte ich kurz – muss das sein? Wir sind ständig von vielen Bildern umgeben, TV-Serien, Zeitschriften, Social-Media-Kanälen, Werbeplakaten – uns fällt gar nicht auf, dass die allermeisten nur dünne Körper zeigen. Oder erinnerst du dich an eine dicke *Disney*-Prinzessin? Ich nicht! Meine Augen stolperten über die Abbildungen von dicken Bäuchen und großen Schenkeln, weil sie so selten waren und ich an diesen Anblick nicht gewöhnt war. Unser Gehirn ist faul, es mag oft das, was es schon kennt, und ignoriert das, was neu bewertet werden muss, also Arbeit macht und deshalb im ersten Moment Unbehagen auslöst. Dass ich über die Körperformen erst mal überrascht war, zeigt nicht, dass ich sie per se nicht gut fand, sondern wie limitiert meine Sehgewohnheiten vorher waren.

Die meisten Medieninhalte konsumieren wir passiv. Ich dachte lange Zeit nicht: Warum haben sie die Hauptrolle in «La La Land» nicht mit einer dick_fetten Frau oder Femme besetzt? Wieso spielen in den meisten Vorabendserien keine Schwarzen Schauspieler:innen mit? Oder warum gibt es keine trans *Tatort*-Kommissar:innen? Wieso keine Tagesschausprecher:innen mit sichtbarer Behinderung? Ist halt so, oder?

Was wir nicht sehen, existiert nicht. Was nicht repräsentiert wird, nehme ich nicht wahr. Bis ich anfange, diese vermeintliche Normalität zu hinterfragen. Wenn einem dieser eingeschränkte Blick einmal auffällt, kann man es gar nicht mehr *nicht* sehen. Als ich aufhörte, es normal zu finden, dass auf Zeitschriften, Büchern, Tageszeitungen und Plakaten keine Vielfalt zu sehen ist, fiel es mir überall auf. Als ich anfing, bewusst und aktiv Menschen zu folgen, die nicht den mir bis dahin als «normal» vorgekommenen Idealen entsprachen, änderte sich meine Perspektive. Heute stolpere ich über kein Foto von Cellulite mehr oder wundere mich, warum Lizzo selbstbewusst ihre Speckrollen auf dem Rücken in die Kamera hält. Ich finde es ganz normal (und wunderschön).

Unsere Sehgewohnheiten zu ändern, ist kein passiver und kurzfristiger Prozess, aber es ist dennoch relativ einfach. Natürlich kannst du nicht ändern, welche Schauspieler:innen für Hollywood-Filme gecastet werden, aber du kannst dir aussuchen, welche Filme und Serien du anschaust. Du kannst Social-Media-Kanälen von Personen, die nicht den Mainstream-Schönheitsnormen entsprechen, folgen (und ihre Postings teilen und liken). Suche bewusst Inhalte, die dir ein gutes Gefühl geben (und nicht den Eindruck, dass du das und das und das schon wieder nicht geschafft hast). Sieh deinen Social-Media-Feed als Möglichkeit, dich mit Texten und Bildern zu versorgen, die dich bestärken, dir neue Perspektiven aufzeigen und von denen du lernen kannst.

Fang mit zwei, drei neuen Instagram-Accounts an (und entfolge zwei oder zehn, die dich sowieso mit einem Gefühl der Unzulänglichkeit zurücklassen) und freu dich schon darauf, in Zukunft viele verschiedene Schönheiten in deinem Leben zu haben.

Informiere dich

Neue Bilder zu sehen, half mir dabei, meine Augen zu öffnen. Feministische Texte halfen mir dabei, sie langfristig offen zu halten. Ich musste mich über viele Themen erst informieren, wusste viel zu wenig über feministische Theorien, antirassistische und dekoloniale Ansätze. Das ist gerade heute dank des Internets und sehr vielen, sehr großzügigen Autor:innen überhaupt kein Problem mehr: Es gibt jede Menge Artikel und Essays gratis online. Erst als ich begann, mich intensiver einzulesen, wurden mir viele Zusammenhänge klar, und dann löste sich der Erwartungsdruck, der lange auf mir lastete. Wir sind nicht so individuell, wie wir manchmal gern denken, die meisten Fragen haben andere schon beantwortet. Zum Glück! Mir immer wieder neue Inhalte zu suchen, hilft mir, nicht in Sackgassen steckenzubleiben. Gerade an den Tagen, an denen es mir überhaupt nicht gut mit mir und der Welt geht, finde ich in feministischen Texten neue Kraft.

Anderen zuzuhören, wie sie mit ähnlichen Konflikten umgegangen sind, macht es mir leichter, meine eigenen einzuordnen und zu konfrontieren. Meine Position und Privilegien zu verstehen, war für mich essenziell, um beim Kampf gegen Diskriminierung etwas beizutragen. Gerade für Personen mit vergleichsweise vielen Privilegien ist es unerlässlich, sich aktiv zu informieren und zu lernen.

Lass die Diätgespräche sein

Ich verwendete «dick» früher selbst als Synonym für ungenügend, und das entlarvt meine eigene, verinnerlichte Fettfeindlichkeit. Genauso genoss ich Kommentare darüber, wie «schön ich abgenommen habe», und fragte, ohne darüber nachzudenken: «Sehe ich in dem Teil fett aus?» Viel zu oft ist (zu viel) Gewicht und die Ernährung, die vermeintlich dazu führt, Thema unserer Alltagsgespräche, als redeten wir über unvermeidbare Phänomene wie das Wetter. Kaum einer stolpert darüber, wie wir unsere eigene Körperform und was wir gegen sie tun, dafür nutzen, mit anderen ins Gespräch zu kommen. Es ist normalisierter, miteinander über *Juice Cleanse* und Winkefett zu reden als darüber, wie gut wir uns in unserem Körper fühlen – «Was bildet die sich ein!» Ich bilde mir ein, dass es unnötig ist, unseren Selbsthass verpackt als lässigen Smalltalk ständig zu wiederholen und damit zu verfestigen.

Vor allem Frauen und Mädchen machen wir gern Komplimente, die etwas mit ihrem Aussehen und ihrer Körperform zu tun haben. Diese Verbindung von Lob und Looks prägt sich leider fest ein.

Seit meiner Kindheit höre ich vorschreibende Kommentare über Kleidungsstücke, die ich lieber nicht anziehen sollte. In meiner Zeit in Moderedaktionen stellte ich sogar selbst sinnlose Regeln auf. Jetzt weiß ich, dass solche Kommentare und Regeln weder hilfreich sind und erst recht nicht liebenswürdig. Genauso wie das ebenso allgegenwärtige Bodyshaming. Selbst wenn du es nicht aussprichst, es ist erschreckend, wie oft unser innerer Dialog nach diesem Muster abläuft. Ich selbst ertappe mich oft dabei, wie mein erster Gedanke über mich und andere erst einmal ein abfälliger ist.

Weil es so normal ist, fällt es den meisten nicht auf, aber das kannst du üben. Höre genau hin, wie über die Sahnetorte und wie über die Salad Bowl gesprochen wird. Oder wenn jemand erwähnt, dass er gestern «mit Pizza gesündigt hat» oder bemerkt, dass er «ganz schön zugelegt hat». Das jüngste Beispiel sind Witze über den sogenannte «Coronabody», bei dem man sich ganz nebenbei und ganz abfällig über jene lustig macht, deren Körper trotz (oder wegen?) einer globalen Pandemie, in der Hunderttausende Menschen umkamen, ein paar Kilos zulegte.

Mir hilft es, bereits ein paar Antworten im Kopf zu haben, um auf solche Diätgespräche kritisch zu reagieren. Sie werfen ein Stöckchen in das Getriebe der Diätsprache und lenken den Blick darauf, wie absurd es ist, dass wir uns ständig selber runtermachen, wenn es um Figur und Essen geht. Mir ist es wichtig, bessere und positivere Gespräche zu führen. Hier ein paar Beispiele:

«Ich spreche nicht über Diäten oder Gewichtsverlust.»

«Essen ist eine solche Freude! Was isst du am liebsten?»

«Ich habe in der Vergangenheit Probleme mit gestörtem Essen gehabt und möchte nicht über Diäten sprechen.»

«Deine Worte sind ein Trigger für meine Essstörung. Können wir über etwas anderes reden?»

«Ich mache keine Regeln über das Essverhalten.»

«Wie viele Diäten hast du schon gemacht? Wie viele führten zu den Langzeitergebnissen, die du dir erhofft hast?»

«Es tut mir leid, dass du so über dich selbst denkst.»

«Ich will nicht hören, was du alles tust, um nicht auszusehen wie ich.»

«Was ist falsch daran, dick_fett zu sein?»

«Ich hab wirklich hart daran gearbeitet, meinen Körper zu akzeptieren, und das fühlt sich wie ein Rückschlag/Rückfall an. Lass uns über etwas anderes reden.»

Eine große Hilfe war mir, mich mit Freund:innen darauf zu einigen, nicht mehr über die Körper von anderen zu sprechen, egal ob wir sie persönlich kennen oder nur von Instagram. Wir machen uns gegenseitig darauf aufmerksam, wenn wir problematisch über uns selbst, Gewicht oder Essen reden. Wie gesagt, die Diätsprache ist in unserer Gesellschaft so normal, sie fällt oft gar nicht auf. Es benötigt extra Aufmerksamkeit und Hinweise, ihr den Garaus zu machen.

Schmeiß die Waage weg!

Viele Jahre verbrachte ich damit, mich zu wiegen und abzumessen und diese Zahlen akribisch zu protokollieren. Daran maß ich stetig meinen Selbstwert, die Waage entschied über meine Stimmung. Das kann ich keinem empfehlen. Irgendwann nach der Geburt meines Sohnes war die Waage, die ich aus Altenriet mit nach Hamburg geschleppt hatte, alt und vergilbt, also wanderte sie in den Müll. Ich weiß nicht mehr, warum ich keine neue kaufte, aber es war eine gute, eine erleichternde Entscheidung. Letztens stellte ich mich aus Neugier beim Arzt auf die Waage, weil ich wirklich keine Ahnung hatte, wie viel ich wiege. Und nach Jahren ohne heimische Waage und konstanter Arbeit an meiner eigenen Fettfeindlichkeit versaute mir die Zahl nicht mehr den Tag.

Da die Körperform in unserer Diätkultur so viel Relevanz hat, wäre es albern und wenig hilfreich zu sagen, dein Gewicht ist doch egal! Genau deswegen ist es ein Akt der Selbstliebe, die Zahlen, die unseren gesellschaftlichen Stellenwert oft bestimmen, so gut es geht zu vermeiden. Unsere Körper ändern sich stetig und passen sich den Gegebenheiten an, brauchen mal mehr und mal weniger Kilos, um uns durchs Leben zu tragen. Die Zahl, die auf einer Waage oder in einem Kleideretikett steht, sagt nichts darüber aus, wie wertig wir sind. Wirf die Waage raus.

Lerne deinen Körper kennen

Wenn man den eigenen Körper nicht mag, investiert man oft viel Zeit, um ihn nicht sehen zu müssen. Je mehr wir das aber tun, desto mehr entfremden wir uns von uns selber. Wenn ich mir die ganze Zeit nur dünne, vermeintlich makellose Körper anderer anschaue statt mich selber, verlerne ich, wie ich wirklich aussehe oder aussehen sollte. Selfies – oder altmodisch Selbstporträts – haben leider einen schlechten Ruf. Und natürlich kann man besorgniserregend finden, dass es einfacher und krasser wird, Bilder mit Filtern zu verfremden. Wenn mein 12-jähriger Sohn Fotos von sich bei Instagram hochlädt, sind diese allesamt gefiltert – seine Haut ist weichgezeichnet, das Kinn markanter geformt, die Augen größer, auf manchen hat er lustige Tierohren auf dem Kopf. Und auch ich probiere gern alle möglichen Filter aus. Worauf ich aber hinauswill, ist, dass Fotos von sich selber zu machen bestärkend sein kann. Im Sinne der feministischen Künstler:innen der 1970er will ich erforschen, wie es ist, von mir selbst ein Abbild zu machen. Ich will mich durch diese Bilder selber kennenlernen. Und zwar möglichst ohne den Einfluss des Male Gaze, des männlichen Blickes, der viele unserer Sehgewohnheiten dominiert und in dem weibliche Körper nur Objekt sein können. Ich schaue mich selber durch die Kamera an und entscheide, wie ich gesehen werde und wie ich mich sehe. Je mehr Bilder ich mache, desto mehr sehe ich mich. Egal wie viel Filter oder Make-up, in diesen Bildern ist es meine Entscheidung, wie ich mich und meinen Körper darstelle. Diese Auseinandersetzung mit meinen eigenen Formen bringt mich mir näher, und das hilft mir, ein liebenswürdiges Verhältnis zu mir aufzubauen. Ich kann es nur empfehlen. Dazu brauchst du kein aufwendiges Set-up, du kannst einfach mit deiner Handykamera loslegen. Vielleicht erst mal nur ein schlichtes Porträt, dann ein Ganzkörperbild, und irgendwann sogar ein Bild in Unterwäsche oder ganz ohne Kleidung. Es lohnt sich, diese Bilder zu erforschen, egal ob du sie jemandem zeigst oder sie nur für dich machst.

Hör auf zu lachen

Nach einem Artikel über problematische After-Corona-Body-Memes, den ich für *ZEIT Online* schrieb, bekam ich Hunderte empörte Nachrichten: «Den Leuten Memes zu verbieten, ist einfach nur noch lächerlich!», «Ich bin selbst dick und finde Witze über Dicke gar nicht schlimm!», «Du musst sie ja nicht lesen!», «Versuchen Sie gerade ernsthaft, den Menschen vorzuschreiben, dass sie keine Witze mehr über den eigenen (!!!) Körper machen dürfen, weil es andere verletzen könnte???»

Witze über Dicke sind so alltäglich, dass sie von vielen gar nicht mehr als das gesehen werden, was sie sind – Bodyshaming.

Zugegeben, es ist nicht leicht, Freund:innen, Kolleg:innen oder die eigene Familie zurechtzuweisen, wenn sie problematische Witze über die Körper anderer Menschen machen. Aber es ist wichtig! Die Gesellschaft sind ja nicht «die anderen», sondern wir alle zusammen. Und wenn wir uns eine Gesellschaft wünschen, in der wirklich jeder Körper mit jeder Figur und jedem Gewicht diskriminierungsfrei und gleichberechtigt leben kann, dann müssen wir anfangen, eine solche einzufordern. Es macht keinen Spaß, die «Spielverderberin» zu sein. Einen Orden bekommt man dafür nicht. Aber «witzige» Memes übers Dicksein und abwertende oder fettfeindliche Kommentare über Dritte haben eine Wirkung. Sie hinterlassen Wunden und ziehen Grenzen, egal wie sie «eigentlich gemeint» waren.

Was machst du, wenn du hörst, wie eine Kollegin abfällige Bemerkungen über den runden Hintern einer abwesenden Kollegin fallenlässt? Höflichkeitshalber mitlachen? So tun, als hättest du es nicht gehört? Schnell das Gespräch auf ein anderes Thema lenken? Oder sagst du: «Wieso findest du es in Ordnung, derart über andere Menschen zu lästern?»

Praktiziere Self Love als Community Love

Wenn du dieses Buch von Anfang gelesen hast, kannst du nun vielleicht besser erkennen, wie sich die Glaubenssätze und Werte der Diätkultur auf dein Leben auswirken. Denk daran, wenn du die nächste Werbung für Anti-Cellulite-Creme, Skinny-Teas oder Shapewear siehst – in der Diätkultur kannst du nicht gewinnen. Noch nicht einmal die Models sehen im wahren Leben so aus wie auf den Bildern, sie wurden professionell geschminkt und die Fotos im Anschluss mit einer Software bearbeitet. Gegen diese Gewalt kommst du allein nicht an. Self Love, egal wie bedingungslos, kann weder Diätkultur, Kapitalismus noch das Patriarchat umstürzen. Jedes Mal, wenn ich «Du musst dich nur selbst lieben, dann kannst du Berge bewegen» (oder so einen Quatsch) irgendwo auf Instagram lese, stellen sich bei mir alle Nackenhaare auf! Was nutzt es, wenn ich mich selbst liebe, aber im Anschluss trotzdem blöd angemacht werde, weil ich der Idealvorstellung angeblich nicht entspreche? Self Love bringt einer dick_fetten Person nicht automatisch Anerkennung, Teilhabe, Zugehörigkeit und die gleichen Rechte. Egal wie sehr sich die Person selber liebt, der Arbeitsmarkt und das Gesundheitssystem diskriminieren sie weiterhin.

Die richtige, die echte Liebe zu dir selbst kann nur die Liebe zu deiner Gemeinschaft sein. Setze dich für Belange ein, die über deine persönlichen Bedürfnisse hinausgehen. Wenn du sie hast, benutze deine Privilegien, um denen, die weniger haben, Gehör zu verschaffen. Beginne, dein Denken so zu verändern, dass du Körperdiversität von vornherein mitdenkst. Erkenne strukturelle Hindernisse und fang an, dich lautstark über sie zu beschweren.

Bilde Banden

Es ist hart, allein durch unsere fettfeindliche Diätkultur zu gehen. Ich versuchte es jahrelang und bin nur gescheitert. Erst durch den Kontakt zu anderen dick_fetten Personen fand ich zu mir selbst. Mittlerweile wundert es mich, wieso ich hauptsächlich Freund:innen habe, die als schlank gelesen werden. Geht es dir genauso? Wie viele Menschen, die dick_fett gelesen werden, hast du in deinem Umfeld? Welche Freundschaft verbindet dich mit ihnen? Wie nimmst du sie wahr?

Ich kenne viele Menschen, die sich in Freund:innenkreisen bewegen, die komplett ohne dick_fette Menschen auskommen. Für die bin ich dann die einzige «dicke Freundin». Im XXL-Report der DAK antworteten 71 Prozent, dass sie Menschen mit sehr großem Körper unästhetisch finden, und jeder Achte gab zu, den Kontakt bewusst zu vermeiden. Das ist keine Grundlage für eine gleichberechtigte Freund:innenschaft.

Natürlich sollst du jetzt nicht die nächstbeste Person mit großem Körper, die dir auf der Straße begegnet, fragen, ob sie deine Freund:in sein will. Aber schau dich in deinem Umfeld um, schau dir an, wer da schon ist, und investiere bewusst und respektvoll Zeit, diese Person besser kennenzulernen.

Und freu dich darauf, was sich ergibt.

(K)ein Manifest

Als ich vor einem Jahr anfing, dieses Buch zu schreiben, war ich voller Wut auf die Diätindustrie, die Abnehmindustrie und die Schönheitsindustrie, die mir all die Jahre vollkommen unnötige Produkte verkaufen wollten, um meinen angeblich mangelhaften Körper zu verbessern. Ich war frustriert von der einseitigen und oft abwertenden Darstellung von Körpern abseits des dünnen Ideals und der fehlenden Repräsentation von Menschen mit größeren Körpern in den Medien. Meine wütenden Gedanken wollte ich in dieses Buch packen und ihm den Untertitel «Ein Manifest» geben – ich wollte nicht mehr darüber schreiben, welche Körperform zu welchem Schuh passt, sondern eine Welt beschreiben, in der dick_fette Menschen das Sagen haben. Riots, not Diets! Ha!

Aber daraus wurde nichts. Nicht weil mir keine Forderungen eingefallen wären oder ich mir nicht vorstellen konnte, wie diese Welt aussehen sollte. Aber den Weg dahin, den fand ich im Schreiben erst mal nicht. Ich stieß auf zig Hindernisse, die mir das Nachdenken vergällten. Zig Überzeugungen, mit denen ich mich täglich kleinhielt. Zig Mal fragte meine innere Stimme: Was denkst du dir eigentlich? Ich wollte alles erklären können, schaute aber gar nicht genau hin. «Ich weiß doch, was ich schreiben will», antwortete ich genervt einer Freundin, die mir riet, alte Fotos und Tagebücher anzuschauen, um zu verstehen, wie ich mich in den vergangenen Jahren in meinem Körper gefühlt hatte. Aber wenn ich das so gut wusste, wo blieben dann die Worte? Ich blickte von außen auf die Geschichte meines Körpers wie eine Fremde.

Als ich mich dann endlich hinsetzte (weil ich sonst keine Idee mehr hatte) und mich wirklich und wahrhaftig mit mir, meiner Geschichte, meinem Körper und meiner Beziehung zu ihm auseinandersetzte, fühlte es sich an, als hätte ich einen Stein aus einem dieser Stapelspiele gezogen, was den ganzen Turm ins Wanken und irgendwann zum Einsturz brachte.

Ich sah die Fotos aus meiner Vergangenheit und darin eine Tür zu einem neuen Bewusstsein. Nicht nur die Gesellschaft machte meinen Körper zu einem Problem, ich selber war darin richtig gut. Und die Art und Weise, wie ich meinen Körper betrachtete, sagt auch etwas darüber aus, wie ich die dick_fetten Körper anderer sah. Das tat weh. Mir das einzugestehen, war schmerzhaft. Ich war so sicher gewesen, dass all die vielen Überzeugungen gar nicht in mir zu finden sind. Dabei wusste ich doch schon alles! Ich wusste doch genau, wie die Diätkultur funktionierte! Sonst hätte ich wohl kaum einen Buchvertrag bekommen oder würde als «die körperpositive Stimme» gefeiert werden? Wie sollte ich ein Buch schreiben, wenn ich nicht *alles* wüsste? Ich *musste* alles wissen. Wer würde ein Buch lesen wollen von einer, die es selbst noch nicht verstanden hat? Die Vorstellung, alles über Körper, Diätkultur, Schönheitswahn und Selbstliebe schon wissen zu müssen, blockierte mich über viele Monate. Ich las Studien und akademische Paper, versuchte, die Geschichte der Schönheit zu schreiben, und recherchierte zur Entstehung von Kleidergrößen und Normierungen in wissenschaftlichen Abhandlungen. Die Idee, die ich davon hatte, wie das Buch sein *musste*, um *gut*, um *richtig* zu sein, stresste mich so sehr, dass ich fast nichts schrieb. Ich musste das erst mal als falsch verstehen, ja, richtig verlernen, bevor Platz war für neue Gedanken. Bevor ich Zeit hatte, um mich auf den Weg zu machen, um herauszufinden, was ich will, und nicht, was ich denke, wollen zu sollen. Ich musste lernen, wie wichtig es ist, mich abzugrenzen. Vor allem von den Erwartungen anderer. Die zu oft zu meinen werden.

Als es dann daranging, den Titel dieses Buches zu bestimmen, fielen mir Margarete Stokowskis Worte über «Untenrum frei» ein: «Dieses Buch ist kein Manifest, weil Manifeste mir suspekt sind und weil es einen ganzen Haufen Fragen und Meinungen enthält, die als Anfang, aber nicht als Ende einer Diskussion dienen können.»

Die Auseinandersetzung mit meinem Körper, die Auseinandersetzung mit einer Welt, in der mein Körper nicht sein darf, ist keine abgeschlossene Sache. Es ist ein Prozess, ein Weg, eine Reise. Und es bedarf vieler Diskussionen und ehrlicher Auseinandersetzungen, mit mir, mit anderen, mit dir.

Es ist hart, mich jeden Tag selbst daran zu erinnern, dass ich gut und schön genug bin. Aber selbst, wenn mir das gelingt, lebe ich dennoch in einer Welt, die vom Gegenteil überzeugt ist. Ich kann aus der Diätkultur nicht ausziehen. Und es ist hart, die Botschaften, die ständig auf mich einprasseln, wie eine schöne Frau auszusehen hat, zu ignorieren. Es ist hart, mich daran zu erinnern, dass sie nur dafür da sind, mir ein schlechtes Gewissen zu machen, damit ich doch wieder Diätprodukte, Abnehmprogramme oder Bauchweghosen kaufe. Heute sehe ich in vielen Fotos in Magazinen und auf Social Media kein Material für mein Moodboard, sondern vor allem ein problematisches Körperbild. Ich wünschte, ich könnte in der Zeit zurückgehen. Zurück zu meinem Teenager-Ich, wenn es mal wieder in Diätratgebern oder Frauenzeitschriften blättert, und ihm sagen: «Die wollen nicht, dass du dich gut fühlst, sondern dass du ihre Produkte kaufst. Diese Bilder der vermeintlich perfekten Körper sind nicht real, diese Personen existieren nicht. Die Schönheitsindustrie, Diätindustrie, Modeindustrie und Abnehmindustrie konstruieren sie, damit du weiter und weiter Geld ausgibst. Dein Körper ist mehr als eine Aneinanderreihung von Problemzonen. Dicksein ist nichts Schlimmes. Warte nicht darauf, dünn zu sein, um mit dem schönen Leben zu beginnen.»

Während ich mich durch diese Gefühle schrieb, wurde meine Körpermitte immer runder. Weil ich meinen Bauch das erste Mal seit Jahren locker lassen kann. Ich ziehe ihn nicht mehr ständig ein, sondern lasse ihn atmen, sich wölben und hervorstehen.

Ich begegne meinem Körper nicht jeden Tag positiv und wertschätzend. Manchmal stehe ich vor dem Spiegel, drehe mich von einer Seite zu anderen und denke, oh, là, là, who's that girl? An anderen Tagen sehe ich mein Spiegelbild und denke nur: Nö. Und das ist auch okay. Die vielen abwertenden Worte für Körper und Körperteile aus meinem Hirn zu bekommen, die mich so lange begleiteten, ist anstrengend. Manchmal habe ich dazu weder Zeit noch Nerv. Und ich möchte mich nicht gezwungen fühlen, mich täglich selbst mit glitzernder Self Love zu überschütten. Ich möchte mich dafür weder schlecht fühlen, noch mich mit anderen, die diesen Status der ewigen körperpositiven Glückseligkeit erreicht haben, vergleichen. Ich möchte einfach sein dürfen. Es ist okay, einfach nur zu existieren. Total okay. Ein neutraler Blick auf meinen Körper ist tausendmal besser als ein abwertender Blick.

Ich habe mich für die neue Eislaufsaison angemeldet. Den Traum eiszulaufen gebe ich so schnell nicht auf. Ich liebe es, mit den Kufen über das Eis zu gleiten, und werde versuchen, den Dreiersprung egaler sein zu lassen. Ich werde mir den schönsten Helm kaufen und mich daran erfreuen, was mein Körper alles kann.

Nein, ich liebe meinen Körper nicht jeden Tag gleich, aber ich terrorisiere ihn nicht mehr. Ich lasse ihn sein. Es ist der einzige, den ich jemals haben werde. Ich bekomme keinen anderen. Was nützt es, diese erbitterte Feindschaft zu pflegen, wenn ich mich auch an einer Freundschaft versuchen kann. Es ist doch so: Mein Körper war schon immer meine Freundin. Ich habe diese Liebe nur nicht erwidert. Sie war immer für mich da, während ich sie wegschubste und hungern ließ. Ich will das nicht mehr. Ich will verstehen und glauben, dass ich und mein Körper in einem Team sind. Dass wir eins sind. Dass wir als eine Person, als Melodie, zusammen staunend durch diese Welt gehen. Ich will mir diese Liebe schenken. Und Doppelkekse und Rüschenröcke.

Dank

An meine liebste Freundin Mary Scherpe, die mir beim Jahres-wechsel 2017/18 den Floh ins Ohr setzte, ein Buch zu schrei-ben. Und mir dann half, meine Gedanken zu sammeln und zu sortieren. Danke, dass du mich aus all den vielen «Ich kann nicht»- und «Ich schaffe das nicht»-Tälern wieder auf den rich-tigen Kurs gebracht und mich daran erinnert hast, für wen ich dieses Buch eigentlich schreibe. Dafür, dass du all meine Texte mit deinem klugen Blick kritisch durchgesehen und mich vom ersten bis zum letzten Wort begleitet hast. Danke, dass du die Interviews geführt und transkribiert hast. Ohne deine Unter-stützung wäre dieses Buch nicht zustande gekommen. Danke. Von Herzen! Ich lerne so viel von dir und bin so froh, dass du meine Freundin bist.

Für ihr Vertrauen danke ich Christelle, BodyMary und Schwarz-Rund, ihr habt mich an euren Erfahrungen teilhaben lassen und dieses Buch damit so viel wertvoller gemacht. Ein großes DANKE! geht an alle Fettaktivist:innen, die für mich und alle dick_fetten Menschen kämpfen, gegen alle Widerstände!

Mein Dank geht an meine Lektorin Susanne Frank und Rowohlt, auch für ihr Verständnis, als dieses Buch nach meinem Unfall verschoben werden musste. Ohne meine Agentin Céline Meiner, die von Anfang an an mich geglaubt hat, wäre dieses Buch nicht möglich gewesen. Danke auch an Nadine Sanchez und Roland Rödermund für ihr Feedback, ihre Zeit und ihre Unterstützung.

Eva Dietrich, mein Fels in der oft wilden Brandung, dank dir wachse ich über mich hinaus. Was wir schon alles gemeinsam gewuppt haben! Bikini-Fotos, Trust The Girls, Sisters' March, More Than A Body-Shooting und Pizza-Dates. Danke, dass du beim Cover-Shooting mit dabei warst und dann auch noch die Cover-Gestaltung übernommen hast. Was Lizzo sagt: «You know you a star, you can touch the sky».

Julia Marie Werner, du hast mich vom ersten Shooting bis zu diesem Buch-Cover begleitet, was haben wir schon zusammen gelacht und geweint. Danke dafür, dass du immer sofort JA! sagst.

Dank Michael Mayer und seinen vielen Pinseln und Produkten sehe ich auf dem Cover noch ein bisschen schöner aus.

Mein Dank gilt auch der Redaktion der *Emotion*, die mich aufs Cover gepackt und mir damit viele Türen geöffnet hat: Kasia Mol-Wolf, Kristina Appel, Sabine Dahl, Michèle Rothenberg – sowie dem Cover-Team Cathleen Wolf, Sebastiano Ragusa und Julia Junglas.

Ich danke Lydia Maurer, Nina Janke (fürs Eislaufen und die vielen Stunden mit mir in der Notaufnahme), Dörte Fitschen-Rath (für deine Freundschaft und all die kreativen Foto-Sessions), Hanna Schumi (danke, dass du immer für mich da warst, love you!), meinen Creative-Writing-Lehrerinnen Emma Beynon und Jenny Valentine, Adelaida Cue Bär, Anna Schunck, Anabel Wertheim, Anika Väth, Anni Schulz, Arnhildur Lilý Karlsdóttir, Annette Lang, Gwendolyn Elwardt, Line Hoven, Manuel

Puchta, Moni Köver, Peter Penndorf, Rebekka Posselt, Robin Kranz, Sandra Schollmeyer, Saskia Müller, Simone Kern, Stella Marisa Kaas, Vaida Bražiūnaitė, Yelda Yilmaz – ihr habt mich in der Vergangenheit auf ganz unterschiedliche Art und Weise bereichert und unterstützt – danke von Herzen!

Danke an meine Freunde Ute und Beat Gottwald, in deren Sieben Wasser in Brandenburg ich Unterschlupf fand, um meine Gedanken zu ordnen und zu schreiben.

Vielen Dank an meinen Sohn, Julius Henri, für deine Geduld und Unterstützung. Dafür, dass du so selbständig bist, so einfühlsam und so eine Stütze. Jetzt können wir endlich Uno spielen und Mathe lernen.

Dieses Buch ist in Hamburg, in Brandenburg und Þingeyri, Island, entstanden.

Glennon Doyle
Ungezähmt

Der New-York-Times-Bestseller, von
dem alle reden! Seit ihrem zehnten
Lebensjahr strebt Glennon Doyle
danach, gut zu sein: eine gute Tochter,
eine gute Freundin, eine gute Ehefrau –
so wie die meisten Frauen schon als
Mädchen lernen, sich anzupassen. Doch
statt sie glücklich zu machen, hinterlässt
dieses Streben zunehmend ein Gefühl
von Müdigkeit, Über- und
Unterforderung. Glennon – erfolgreiche
Bestsellerautorin, verheiratet, Mutter
von drei Kindern – droht, sich selbst zu

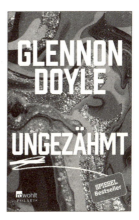

352 Seiten

verlieren. Bis sie sich eines Tages Hals über Kopf in eine Frau verliebt
– und endlich beschließt, ihr Leben selbst in die Hand zu nehmen.

Glennon Doyle zeigt uns, was Großes geschieht, wenn Frauen
aufhören, sich selbst zu vernachlässigen, um den an sie gestellten
Erwartungen gerecht zu werden, und anfangen, auf sich selbst zu
vertrauen. Wenn sie auf ihr Leben schauen und erkennen: Das bin
ich. Ungezähmt.

Weitere Informationen finden Sie unter **rowohlt.de**

Sheila de Liz
Unverschämt

Alles über den fabelhaften weiblichen Körper

Was wäre, wenn Ihre Gynäkologin Ihre beste Freundin wäre, und Sie ihr jede Frage stellen könnten? Etwa: Wie beugt man Blasenentzündungen vor? Ist ein Kaiserschnitt besser für den Beckenboden? Und was hat es mit der weiblichen Ejakulation auf sich? Dr. Sheila de Liz weiß aus Erfahrung: Die meisten Frauen kennen ihren Körper viel zu wenig. Dabei sind die Basics gar nicht so kompliziert. Locker und unverkrampft nimmt sie uns mit auf eine Reise durch den weiblichen Körper: Von den Brüsten und worauf man beim Abtasten achten sollte, über die Eigenheiten der Periode bis hin zu unserer versteckten Heldin, der Klitoris.

Weitere Informationen finden
Sie unter **rowohlt.de**

368 Seiten

Margarete Stokowski
Die letzten Tage des Patriarchats

Seit 2011 veröffentlicht Margarete
Stokowski, eine der wichtigsten
Stimmen des gegenwärtigen
Feminismus, Essays, Kolumnen und
Debattenbeiträge. Die besten und
wichtigsten Texte versammelt dieses
Buch, leicht überarbeitet und
kommentiert. Die Autorin analysiert
Machtverhältnisse, Sexismen und die
mediale Kommentierung von
Frauenkörpern, sie schreibt über
Feminismus, die #metoo-Debatte

320 Seiten

und Rechtspopulismus. Ihre Texte machen Mut, helfen, wütend zu
bleiben, Haltung zu zeigen und doch den Humor nicht zu verlieren,
und sie zeigen, dass es noch einiges zu tun gibt auf dem Weg zu einer
gleichberechtigen Gesellschaft.

Weitere Informationen finden Sie unter **rowohlt.de**